성경이 전해주는
이슬형 인간

나는
이슬
이다

성경이 전해주는
이슬형 인간

나는
이슬
이다

심영보 지음

영원한 갈빗대 채정이와
사랑하는 딸, 경진-정중-이준-이한,
며느리, 서형-규헌이의 이슬방울들과
연약하고 아파하는 이웃들에게
이 책을 헌사한다.

하늘에 계신 아버지,

● 우리의 생각들이 당신을 향해 갑니다. 길을 잃고 헤매고 있는 우유부단한 나그네의 발걸음이 아니라 친근한 고향을 향하여 확실하게 하늘을 비행하는 한 마리 새처럼, 이 시간 다시 당신을 찾습니다. 우리의 신뢰가 덧없는 생각이나 순간적인 공상이나 세상을 향한 마음의 위선적인 평온이 되지 말게 하소서. 당신의 나라를 향한 우리의 갈망이 되게 하소서. 당신의 영광을 위한 우리의 희망이 되게 하소서. 아무런 소득이 없는 출산의 고통이 되지 않게 하소서. 물기 없는 구름이 되지 않게 하소서. 그러나 마음의 충만함으로 그것들이 당신에게 떠오르게 하소서. 우리의 갈증을 촉촉이 적셔주며 소생시키는 이슬이 되게 하소서. 당신의 하늘의 만나처럼 영원토록 우리를 만족시켜 주소서.

- 키에르케고르, *재판관의 책*
The Book of Judge.
No. 3366.

목차

제1장

들어가는 말

풀이란 무엇인가?

희망의 녹색으로 짜여 진 깃발이다.

풀은 주님의 손수건이다.

-월트 휘트먼Walt Whitman, "풀잎" Leaves of Grass "

하나님의 은총은 풀 잎 위의 반짝이는 이슬이다. 그것을 보는 것은 그 자체 명예요, 그 자체 부요함이다. 거미줄에 매달린 이슬dew은 거미의 식수원이다. 파아란 잎에 영그는 이슬은 이름 모를 곤충의 생수이다.

2012년 12월 17일 월요일, 필자의 이메일에 해외에서 한통의 하이퍼텍스트가 마치 비둘기처럼 날라 왔다. ㈜메카유어즈Mecayours 전략기획팀 차장, 해외파인 김현주님의 시, "영이 차 오른다"가 또 다시 나비처럼 영혼 속으로 파고든다.

> 바람이 스쳐간다
> 팔에 느껴지는 진동에
> 시간은 정지 한다

마음이 통과 한다
영혼을 다한 외침에
가슴이 시원하다
향기가 머무른다
시공간을 초월한 추억이
주변을 맴 돈다
나를 두리번거리게 만드는 .....

당신은 누구인가
좌우로 나의 목이 춤을 춘다
위 아래로 나의 목이 인사 한다
당신께 집중하는 그 순간, 그 공간에 .....
중력의 법칙은 사라진다

아 .....
영이 차 오른다

눈발 흩날리는 날
덜컹거리는 영혼에
기름칠하자

달디 단 이슬
온 몸 위로 흐를 때에
고요히 웃는 마음들

살포시 자리 잡고
당신 옆에 앉는다
숨 막힐 듯한 꽃향기가
영혼을 움켜 쥔다

김현주 차장님의 이 시는 만약 책이 출판된다면, 같이 실어드리겠노라고 약속했던 것을 9년이 지나 이제 사 세상의 빛을 보게 되었다. 미안한 마음 금할 길이 없으나 사이버신학자로서 하드커버를 지양해 왔으나 김현주 차장님의 시가 이 책의 주제와 아주 적격이며 전혀 손색이 없는 아름다운 시라고 생각한다.

"바람, 시간, 마음, 시공간, 중력의 법칙, 덜컹거리는 영혼, 꽃향기, 달디 단 이슬" 등은 낭만적이면서도 형이상학적인 시어를 꼬집어 낸다. 그리고 2인칭의 대상, "당신"이 누구인지 궁금해진다.

"덜컹거리는 영혼"은 아마도 불안과 초조, 공포와 전율의 진자가 마구 흔들리는 상황 속에서, "기름칠하자"로 다독이며 용기와 희망을 준다. 코헛Heinz Kohut이 주장하는 "심리적 산소"Psychological Oxygen를 "달디 단 이슬"의 형태로 공급해 준다.

"영이 차 오른다"는 고백은 기독교의 가장 중요한 핵심이다. 영Spirit이 성숙해져 가는 과정을 '이슬처럼 달다'

라고 고백한다. 야웨ㅠㅠㅠ가 영이신 것처럼, 인간도 영이 되어야만 한다. 날마다 "달디 단 이슬"을 생수로 마실 수 있다면, 얼마나 좋을까! 특히 이 단내 나는 이슬이 온 몸을 적셔 주며 흘러내리는 몸-마음-영혼은 가장 복된 웰빙의 삶을 누리는 복일 것이다. 그 만큼 이슬은 성서에서 가장 중요한 생명과 영혼의 식수원이다.

꽃향기가 후각을 자극하는 것이 일반적인 감성의 *파토스Pathos* 화살이라면, 김현주차장님은 "영혼을 움켜쥔다"고 고백한다. 무슨 꽃인지, 어떤 향기인지 필자는 모른다. 그러나 영혼을 움켜 줄 정도로 인간의 이성과 영성의 *로고스Logos*를 자극하는 시적 통찰력은 마르지 않는 깊은 샘과 같다. 그 속이 참 깊다.

김현주 차장님의 또 다른 시제, "진리의 이슬"에서 이슬이야 말로 축제의 장을 연상케 한다. 시인의 마음속에서 "새벽에 태어나 찰나를 춤추는 이슬 한 방울"이 "영겁의 순간 속 잠시 멈춰 하루를 천년처럼 살다가는 나는 영감의 이슬"이라고 고백한다. 시인은 인스퍼레이션의 이슬이다. "내 요란한 침묵 잠든 시간 지금, 내 눈 앞을 출렁이는 진리의 이슬 몇 방울 이제야 그분의 햇살 아래 한 없이 투명해지는 나는 자유의 이슬"이라고 고백한다. 시인은 자유로운 영혼의 이슬이다. 시인의 고백에선 *에토스Ethos*의 투명성이 적나라하게 드러난다. 진리의 이슬이 회색빛 세상을 굴절시켜 신비한 길을 개척해가는 "나는 당신의 이슬이다"라는 고백에서 필자는 무릎을 친다.

김현주 차장님과 주고받은 하이퍼텍스트에서 보여주는 글쓰기 테크닉은 언제나 '생각의 탄생'을 부추긴다. 전통적 패러다임의 전환을 요청한다. 무엇보다도 '나 아닌 나'와 '나인 나' 사이에서, *로고스Logos*에 대한 신뢰를 부여한다. *인간실격*이나 *편의점 인간*처럼, 비양심적, 비인간적 진정성들을 몰아낸다. 그래서 그 이슬의 싱그러운 창발성과 진실성이 참 좋다.

제3회 설록차 문학상 최우수상 수상작으로 선정된 작품에는 "작설의 아침"이란 시가 있다. 정유경님은 이렇게 노래한다.

이슬 맺힌 찻잎마다
머무는 푸른 햇살
알알이 영롱한 소리
떨어질까 눈감는데
참새는 이슬 굴리며
작은 혀를 씻고 있네

이 시인은 제주도를 여행하면서 설록차 생산농원인 한라산다원을 방문한 것 같다. 하루 중 어느 때였을까? 이른 아침이었을까? 아니면, 해가 중천에 떠있는 정오였을까? 황혼이 깃든 저녁때였을까? "이슬 맺힌 찻잎"으로 보아 아마도 이른 새벽아침일 것이다.

이슬을 굴리며 작은 혀를 씻고 있는 참새의 하루가 동녘의 알파Alpha를 알린다. 우리 인간도 참새처럼, '영적 이슬'을 굴려야 하지 않을까. 오랫동안 가뭄이 지속되어 비가 내리지 않는다면, 우리의 육신적 토양의 정원에서 자라나는 영적인 나무와 꽃들은 수분을 섭취하지 못할 것이다. 동식물들이 고갈되어 시들어 말라 죽게 되는 것처럼, 우리의 영혼도 사라지게 될 것이다.

차가운 밤공기 때문에 모든 식물에 물의 공급은 필수적이다. 습기를 실은 바람이 육지를 통과할 때, 수분을 빼앗아 간다. 수분을 응고시킨 찬 공기가 이슬방울로 변한다. 갈증에 지친 나뭇잎들 위에 안개 속의 은혜로운 이슬방울로 떨어진다. 아침에 안개는 평야 위에 펼쳐진 바다처럼 쉼을 창조한다. 이슬도 안식이 필요하다. 이슬도 쉼터가 요구된다.

언덕 위에 안개가 피어오른다. 많은 섬들처럼 그들도

머리를 서서히 치켜세운다. 그러나 일출이 시작될 때, 그들의 안식처는 빠르게 사라져간다. 작열하는 태양 빛으로 그들의 정체는 변형되어 눈처럼 하얀 구름으로 바뀌어간다. 그 즉시 조각조각 작은 덩어리들로 해체되어 산허리를 타고 오른다. 저 푸른 하늘로 사라지기까지 뜨거운 태양이 한 몫을 담당한다.

이슬에는 이분법이 존재한다. 이슬은 선과 악이다. 축복이며 저주이다. 이슬은 행복이며 불행이다. 천국이며 지옥이다. 이슬은 남과 북이다. 동과 서이다. 이슬은 남성과 여성이다. 이슬은 물과 기름이다. 그러나 이슬은 영적으로 이분법을 해체하는 "뫼비우스 띠"Moebius Strip와 같다. 이슬은 밤과 낮이 교차한다. 이슬은 수박의 논리가 아니라 토마토의 논리이다. 이슬은 안과 밖이 투명하다. 이슬은 둥글다. 이슬은 햇살과 마주한다. 이슬은 빛을 사랑한다. 빛이 있을 때, 더욱 반짝인다.

기도란 무엇인가? 폴 틸리히Paul Tillich에 의하면, 기도는 "크고 깊은 한숨"Great Deep Sigh이다. 특히 암cancer으로 고통당하는 환우들, 지적장애우들, 가난한 삶의 현장에서 스트레스 때문에 한숨을 내뿜는 이웃들, 이 글을 읽는 모든 독자들의 한숨과 진심으로 함께하고 싶다.

필자는 기도를 "푸쉬"PUSH라고 정의한다. "PUSH"란 "Pray Until Something Happens"라고 쓸 수 있다. 어떤 사건, 즉 신앙적 사건이 발생할 때까지, 원하는 목표, 기도의 제목이 성취될 때까지, 변화와 개혁, 반성과 회개를 위하여 강하게 밀어주는 것이다. 벼랑이 아닌 오르막길에서, 눈치를 살피지 아니하고, 두 발의 뒤꿈치가 땅에 닿지 않도록 밀어주는 것이다.

닫혀있는 "그대"의 마음 문을 이슬방울로 열어 주고 싶다. 영혼의 문을 노크하고 싶다. 영혼의 문이 열리도록 돕고 싶은 마음이다. 그러면 육신의 문은 저절로 열릴 것이다. 언제까지? 영혼과 육신의 암세포가 사라질 때까지, 그 무엇인가인가 손에 잡힐 때까지, 놀라운 변화를 일으킬 때까지, 기적이 일어날 때까지, ...

기도란 "거룩한 노동"Divine Toil이다. "그대" 자신을 위한 "거룩한 노동"을 게을리하지 말라. 이 노동에 의하여 "영적 자서전"Spiritual Autobiography을 기록하라. 자신의 인생의 족적을 기록해가는 것이다. 기도는 영적 발자취이며 흔적이다. 영적 자서전은 자녀들에게 물려주어야 할 기업이며 유산이다. 지혜로운 사람은 하나님과 자신을 향하여 끊임없는 "푸쉬"와 "영적자서전"을 쓰는 사람이다.

기도의 힘은 영적 이슬이다. "하늘의 이슬"을 잊지
말라.

대전대학교 영문학과 용운골 연구실에서

2006.12.

왜, 나는 이슬인가?

　원래 이 원고는 지금부터 15년 전, 대학에서 영문학을 가르치면서 작성해놓은 글이다. 강산이 빠르게 변해간다. AI의 등장으로 그 속도는 더 빠르다. 디지털 시대에 뜬금없이 묵혀둔 '이슬론'은 왜 논하려는 것인가 궁금해 할 수도 있을 것이다. *이슬형 인간*이라는 하이퍼텍스트를 손 안에 쥐고서 묵상을 원하는 독자들이 있기에 부족한 글이지만 오프라인에서 선을 보이게 되었다.

　왜, 이슬형 인간인가? 나는 "나는 이슬이다"라는 메타포Metaphor를 왜 고백하는가라고 묻는다면, 이렇게 대답할 것이다. "이슬은 하늘의 보화이다." 비록 이슬처럼, 인간의 수명이 짧지만, 이슬은 둥글고, 투명하며, 반사적이며, 영롱하고, 아름답기 때문이다. 또한 태초에 작은 이슬방울이 햇살과 마주 할 때, 녹아내려 에덴동산Eden Garden을 휘감아 돌고 돌아, 4대 강-비손Pishon, 기혼Gihon, 티그리스Tigris, 유프라테스Euphrates-물줄기가 되어 오대양을 창조해낸다. 그리고 77억의 인류와 육대주의 생계를 책임지고 있기 때문이다. 더불어 이슬은 "일용할 양식"-만나와 메추라기-위에 살포시 내려 앉아 식사 중에 목이 메이지 않도록 윤활류 작용을 해주기 때문이다.

이른 아침 잔디 풀잎 끝에 매달린 보일 듯 말 듯 하는 미세한 이슬방울이 떼르르 굴러 떨어질 때, 그대는 어디에 있었는가? 이러한 질문은 좀 이상하다. 그러나 이 작은 이슬방울이 항공모함과 잠수함을 파도 위에 거뜬히 들어 올려놓을 때, 빛나는 햇살도 너울거리며 박수를 치기 때문이다.

이슬은 생명이다. 모든 생명은 이슬을 먹고 살아간다. "모든 생명체들은 하나님의 말씀이며 하나님에 관한 책이다"이라고 에크하르트Meister Eckhart는 말한다. 이슬은 "살아있는 인간 문헌"이다. 이슬은 한권의 영적 자서전이다. 이슬로 존재하는 것 자체가 축복이며 이슬로 살아가는 것 자체가 거룩한 것이다.

식물 중에는 "이슬식물"Dew Plant이 있다. 그것은 세레나데Serenade를 가리키며, 남성이 한 밤중에 사랑하는 여성의 창가 밑에서 들려주는 달콤한 사랑의 연가이다. 사랑의 열매를 맺기 위하여 밤이슬을 맞는 사랑의 수고를 마다하지 않는다. 아프리카 말라위Malawi 족의 속담에는 "손님은 이슬과 같다"라는 표현이 있다. 방문객이 나타나면, 그는 곧 이슬처럼 사라질 테니까, 그리 짜증을 내지 말라는 것이다.

"바다의 이슬"이라는 표현을 들어 본 적이 있는가? 라틴어로 로스(ros-)는 영어로 듀dew를 의미한다. "듀-"라는 소리에 어쩐지 애수가 서려있다. 머라인marine은 바다sea를 의미한다. 이들을 합성하여 태어난 영어이름에는 로즈마리Rosemary가 있다. 이 이름을 해석하면 "바다의 이슬"이다. 이 얼마나 아름다운 이름인가! 로즈마리는 상록수로써 "충실, 정조, 회상"의 상징이다. 그대의 이름은 얼마나 아름다운가? 어느 주류회사에서 만들어 내는 "참이슬"은 '참이슬'이 아니다. 세상의 "참이슬"이 우리 몸에 들어가면, 영혼의 샘물이 혼탁해진다. 육신의 참이슬도 중요하지만 영적 참이슬이 더욱 중요하다.

팔레스타인 지방에는 이른바 이슬이라고 표현할 만한 적절한 용어가 없다. 왜냐하면 밤의 한기 때문에 이슬방울이 형성되도록 만들어 주는 뜨거운 여름 공기 속에 수분이 존재하지 않기 때문이다. 5월에서 10월까지 비가 내리지 않는다. 구름 한 점 없는 맑은 날씨가 계속되기 때문에 땅이 굳어지고 채소가 말라간다. 바다에서 불어오는 서풍으로 습도가 형성된다. 맑은 하늘은 낮의 열을 발생시켜 공간 속으로 빠르게 이동하며 밤은 그 반대의 현상으로 추워진다. 이 특별한 기후 때문에 수천 년 전 야곱Jacob은 고통을 겪어야만 했다.

내가 이와 같이 낮에는 더위를 무릅쓰고 밤에는 추위를 당하며 눈 붙일 겨를도 없이 지내었나이다.(창31:40)

구약의 사람들은 감성이 풍부한 사람들이다. 그러나 신약의 사람들은 감성이 메말라 있다. 구약성서에서 "이슬"이라는 용어가 32회에 걸쳐서 등장한다. 구약의 사람들이 자연과의 교감을 누리며 정서적으로 느긋한 마음의 여유를 누리며 살아온 사람들이다. 그러나 신약의 사람들은 자연과의 교감보다는 삶의 긴장 속에서 살아온 사람들이다.

스가랴Zechariah는 야웨의 성전을 다시 세우려고 주춧돌을 놓는 날, "뿌린 씨는 잘 자라며 포도나무는 열매를 맺고 땅은 곡식을 내고 하늘은 이슬을 내릴 것이다. 살아남은 백성에게 내가 이 모든 것을 주어서 누리게 하겠다"라고 선포한다. 그리고 평화를 심어 주고 신실과 정의로 백성들의 하나님이 되어 주시겠다고 약속하신다. 스가랴는 하나님의 영적 축복과 행복의 길이 무엇인지 혜안을 가지고 있다.(슥8:12)

이슬이 묻은 페이퍼를 본적이 있는가? 이슬이 머물러 있는 성경을 본적이 있는가? 이슬에 젖어 창공을 날아가는 종이 두루마리를 본적이 있는가? 이슬을 먹은 "시너지 페이퍼"synergy paper를 본적이 있는가? 이러한 질문에 쉽게 스치고 지나가는 인물이 바로 스가랴이다.

스가랴는 대표적인 "이슬형 인간"이다. 그는 날아가는 UFO, 우주선, 항공기, 전투기, 헬리콥터를 본 것이 아니다. 그는 날아다니는 나비나 잠자리, 하루살이를 본 것도 아니다. 그가 본 것은 날아다니는 하나님의 말씀을 본 것이다. 물리적으로 그의 시력과 시야가 어느 정도일까 하는 궁금증을 자아낸다. 그는 독수리의 시력보다도 더 나은 영안의 시력을 갖고 있는 것이 분명하다. 그가 목격한 "날아가는 두루마리"A Flying Scroll(5:1)는 물론 영적으로 해석되어야만 하지만 그럼에도 불구하고 그는 창공을 비행하는 텍스트를 본 것이다. 21세기 디지털 세계인 오늘날에도 볼 수 있도록 우리를 자극하고 있다. 특히 그는 건강하고 좋은 영적시력과 안목을 지니고 있다. 그의 눈에 최첨단 고성능 망원경과 현미경이 동시에 장착되어 있는 것이다. "하늘의 이슬"이 내리는 것을 지켜보고 있다. 하늘에서 소리 없이 눈송이처럼 내리는 인간의 새벽을 깨우는 은총의 복과 축복의 이슬을 직시하고 있다. 그는 내리는 이슬과 비행하는 두루마리를 동시에 볼 줄 아는 동시다발성 혜안을 가진 다차원적 멀티형 인간형이다.

이와는 다르게 학개서Haggai 글쓴이는 "그러니 하늘이 이슬을 내릴 성 싶으냐? 땅이 소출을 낼 성 싶으냐?" 너희 때문에 하늘은 이슬이 그치고 땅은 소출을 그쳤다라고 경고한다. 하나님은 더 이상 이슬이 내려 보내지 않겠다는 것이다. 이슬이 내리지 않기 때문에 사람도, 짐승도 모두 배를 곯게 되었다. 그 까닭이 무엇인가? 무너진 하나님의 성전은 아랑곳 하지 않고 제 집들만 짓느라고 분주히 돌아다녔기 때문이다. 그래서 하늘의 이슬이 중단되었다.(학1:10)

스가랴와 학개는 플러스와 마이너스, 건강과 질병, 축복과 저주, 행복과 불행, 평화와 전쟁, 빛과 어둠처럼, 이분법적 대립 쌍을 형성하고 있다. 이들 사이에는 팽팽한 긴장관계를 이루고 있다. 이들 앞에는 하나님의 이슬방울이 놓여있다. 어쩌면 생사의 길에 서 있는 것이다. 이들은 외나무다리에 서서 서로를 직시하고 있는지도 모른다.

신약성서에는 "이슬"이라는 표현이 한 번도 등장하지 않는다. 이것은 신약시대의 사람들은 그 만큼 마음의 "느긋한 여유"를 누리지 못하고 살았다는 것을 반증해 준다. 하나님의 창조물인 자연을 바라보는 시각뿐만이 아니라 그 자연을 영적으로 재해석하는 능력도 다르다.

이사야Isaiah에 의하면, "너는 물댄 동산 같겠고 물이 끊어지지 아니하는 샘 같을 것이라"라고 고백한다.(58:11)

그대가 굴리는 이슬방울 한 알 한 알들이 모여서 "이슬연 못"dewpond을 만들어 가기를 바란다.

한번 "구원"salvation을 받으면 영원히 구원을 받을 것으로 착각하지마라. 믿음으로 그대의 영혼 속에 뿌려 가꾸고 있는 것이 무엇인가? 그것을 한시라도 돌보며 가꾸지 않는다면, 그것은 곧 우리가 마시는 "이슬"처럼 사라져 버릴 것이다. 이슬의 찰나성, 순간성, 증발성, 비영구성은 인간의 한계성을 상징적으로 잘 드러내 준다.

차가운 밤공기 때문에 모든 식물에 물의 공급은 필수적이다. 습기를 실은 바람이 육지를 통과할 때, 수분을 빼앗아 간다. 수분을 응고시킨 찬 공기가 물방울로 변한다. 갈증에 지친 나뭇잎들 위에 안개 속의 은혜로운 방울로 떨어진다. 아침에 안개는 평야 위에 펼쳐진 바다처럼 쉼을 창조한다. 이슬도 안식이 필요하다. 이슬도 쉼터가 요구된다.

언덕 위에 안개가 피어오른다. 많은 섬들처럼 그들도 머리를 서서히 치켜세운다.

그러나 일출이 시작될 때, 그들의 안식처는 빠르게 사라져간다. 작열하는 태양 빛으로 그들의 정체는 변형되어 눈처럼 하얀 구름으로 바뀌어 간다. 그 즉시 조각조각 작은 덩어리들로 해체되어 산허리를 타고 오른다. 저 푸른 하늘로 사라지기까지 뜨거운 태양이 한 몫을 담당한다.

아무리 큰 이슬방울이라 하더라도 얇은 사 꽃잎이나 잔디가 입고 있는 부드러운 솜털까지도 상처를 내지도 주지도 않는다. 그래서 그대는 새벽이슬이다.

이슬은 신선함이요, 밝음이요, 순수함이요, 깨끗함이다. 이슬방울 같은 눈물방울이 그대의 눈에서 흘러내릴 때, "이슬점"을 찾아라. 눈에 눈물이 없다면, 아름다운 영혼의 무지개를 볼 수 없다. 그대의 눈물샘이 "듀폰드"가 되게 하라. 그리고 그 이슬 연못에 뛰어들라. 그대의 입술을 소주, 맥주, 양주, 폭탄주가 아닌 하늘의 이슬로 적셔라. 자비와 긍휼과 사랑의 이슬이 강물처럼 흐르게 하라. 그러나 홍수가 넘쳐나지 않도록 보살펴라. 그대의 "이슬 연못"이 바로 그대 인생의 영혼의 샘이 되게 하라. 목을 축일 수 있는 두레박을 옆에 두어라.

인생의 길은 마치 면도날과 같다. 밑으로는 급류가 흐르고 맨손 맨발로 칼날 같은 다리를 건너야만 하는 것이 인생의 여정이다. 나는 벼랑 끝에 서있는 순례자이다. 언제나 인식의 벼랑 끝에 서 있다. 그대와 나, 우리는 벼랑 끝에 서 있는 나그네들이다. 언제나 우리는 인식의 벼랑 끝에 매달린 이슬방울과 같다.

21세기를 살아가는 우리는 혹시 아침 이슬의 잔보다도 커피나 양주의 잔을 더 선호하고 있지 않은가? 그대 영혼과 마음 그리고 육신의 토양위에 내리는 하늘의 이슬로 메마르지 않는 생을 추구하라. 그러나 이슬의 탄생에는 남다른 슬픔이 있다. 그것은 이슬의 생명이 아침햇살에 달려 있기 때문이다. 새벽이슬을 맞으며 걸으라. 속속들이 젖어든 아침이슬을 짜내서 마시라. 생의 수레바퀴에서 짜내서 마실 수 있는 시간적 여유가 많지 않다. 우리의 인생이 길다고 생각하면 지혜가 없는 사람이다. 우리네 인생은 순간에 찰나에 살아간다. 지금 이 순간은 보물이다. 지금 움직이는 이 순간은 생명이다. 지금 이 찰나는 보물에 이르는 열쇠이다. 보물에 이르는 열쇠는 이슬이다. 이슬이 인간의 정체성이다. 내일이 있다고 과신하지마라. 미래를 신봉하지마라. 그대와 나는 선행과 죄목만 다를 뿐 형장의 이슬처럼 사라져 갈 뿐이다.

하늘은 이슬을 내린다. 하늘은 이슬을 그친다. 이슬방울이 떨어지는 꿈을 꾸는 사람은 열병으로, 혹은 질병으로 고통을 당할 뿐만 아니라 신상이 고통스럽다.

이슬은 육적으로 이분법이 존재한다. 이슬은 축복이며 저주이다. 이슬은 행복이며 불행이다. 이슬은 천국이며 지옥이다. 그 반대로, 이슬은 영적으로 이분법을 해체하는 뫼비우스띠Möbius Strip와 같다. 이슬은 둥글다. 이슬은 안과 밖이 투명하다. 이슬은 밤과 낮이 교차한다. 이슬은 남과 북이다. 이슬은 남성과 여성이다. 이슬은 물과 기름이다.

야웨의 이슬, 성부의 이슬, 하늘의 이슬이 모든 이들에게 흡족히 내리기를 기도드린다. 우리에게 생기를 불어넣어 주시고 새롭게 하기 위하여 주님의 이슬이 내린다는 사실을 지면을 통하여 고백할 수 있다는 것은 또 다른 하나님의 선행은총이다.

그리스도 예수의 이슬, 성자와 함께 있으면, 웬지 행복하다. 든든하다. 먹지 않아도 배가 부르다. 포근하다. 정겹다. 평화롭다. 기대고 싶다. 믿지 못할 인생을 의지하기보다는... 그러면서도 영적자극을 부추긴다. 도전과 응전으로 하늘의 이슬을 맛보라 한다. 긴장을 하게한다. 심장이 뛴다. 교훈을 준다. 용기를 준다. 절망 속의 희망이다. 성령은 언제나 영적 추진력을 부여한다. 다시 일어서게 한다. 그래서 고맙다. 감사하다. 체념과 용기 사이에서 머뭇거릴 때, 성령의 이슬은 순간순간 이슬 같은 지혜를 공급해 준다.

1

지금은 듀타임Dew Time이다.

걷지 말고 뛰어라

뛰면서 생각하라

하늘의 보물인 "이슬"을 향하여.....

듀타임도 아깝지도 않은가!

인간은 하늘의 이슬을 먹고 사는 동물이다. 공기와 하나님의 집이 주님의 영광과 기름부음으로 무거워질 때, 하나님은 하늘에서 기름을 붓는 것처럼 여러분들의 머리 위에 작은 이슬방울과 생수의 복을 아낌없이 내려 주실 것이다. 그리고 여러분들의 장막위에 "하늘의 보물인 이슬"(신33:13)이 한 방울 한 방울씩 저장되기를 원하신다. "하늘로부터 내려오는 물로 형성된 보배로운 열매"라고

The New English Bible(1970)은 해석한다. 영광과 기름
부음으로 뭉쳐진 이 작은 이슬방울들이 그대를 지켜 줄
것이다.

하나님을 찬양하고 예배할 때에 주님의 영광이 그 순
간에, 아니 좀 더 구체적으로 "지금 이 곳에"now here,
실재적으로 임재하신다고 생각하는가? 무거워진 구름과
안개처럼, 공기 중에 있는 수분이 비가시적인 이슬방울들
을 가시적으로 보일 수 있도록 영향을 미치는 것처럼, 성
령이 우리 주변에서 임재한다고 믿고 의지하며 기도할
때, 우리의 영혼도 이슬방울이 맺히기 시작한다. 공기가
주님의 영광과 권능, 기름부음으로 무거워질 때, 눈에 보
이는 아름답고 영롱한 영광의 미세한 작은 이슬방울들이
보이기 시작한다. 우주와 주님의 영광이 서로 상관관계를
맺고 있다는 사실을 인식하고 고백할 때, 비로소 하늘의
복이 내리기 시작한다.

이슬의 목적 중의 하나는 대지의 표면을 새롭게 씻어
내는 것이며 바로 그 토양위에 영양분을 공급해 주는 것
이다. 새로운 삶의 자리를 만들어 주고 새로운 존재로서
생성과 재생산의 장을 창조해 주는 것이다.

새벽이슬을 마셔보라! 하루를 새벽이슬과 함께하라! 이
슬이 땅을 재생시킨다. 새롭게 한다. 하늘에서 내려오는

영적 이슬은 새로운 활력과 생기를 준다. 피곤에 지친 인간들에게, 수고하고 무거운 짐을 진 사람들에게 .....

우리의 생활 속에서 주님의 영광스러운 현존과 성령의 임재는 연약하고 가느다란 풀잎이 아침이슬을 마시며 살아가고 있는 것처럼, 인생들의 삶을 새롭게 하기 위하여 이슬의 은혜를 내려 주신다. 세상살이의 고난과 고통을 경험하면서 살아가는 하나님의 자녀들은 성령의 이슬과 새벽 아침마다 영적 만남의 사건 통하여 새롭게 변화를 경험한다.

밤이 새도록 이슬을 맞으면서 천사와 함께 씨름을 한 주인공이 있다. 실존적 위기에 직면한 사나이가 밤이슬을 맞도록 투쟁을 벌이다 그만 환도뼈가 부러져 장애인이 되고 만다. "이제 나는 떠나야만 한다. 왜냐하면 동이 터 오기 때문이다." 주의 천사는 자신이 세상에 드러나는 것을 원치 않는다. 그래서 그는 이른 새벽에 떠나야만 하는 것이다. 그래서 사람들은 그 어느 누구도 그를 볼 수 없다. 볼 수 있는 사람은 단지 천사와의 육적 만남의 사건을 체험한 "그" 사람만이 본 것이며 볼 수 있는 것이다. 그가 누구인가? 그는 바로 당신이 아니겠는가!

왜 주의 사자는 동이 터 올 때, 떠나야만 하는가? 주의 사자들에 관한 자세한 이해여부를 떠나서 그들은 인간의 일상생활에 중요한 역할을 담당하고 있다는 사실을 인식할 필요성이 있다. 그것은 영적전쟁의 과정에서 언제나 우리 곁에 서서 우리가 좋든 싫든 우리와 동행하고 있기 때문이다. 주의 사자들은 우리에게 용기와 힘을 북돋아 준다. 우리가 마지막 기진맥진하여 쓰러질 때까지 우리의 생명을 보호해준다.

주의 사자들이 힘을 발휘하는 것은 그 역시 하늘에서 내려 주시는 이슬을 맛보며 살아가기 때문이다. 밤이 새도록 천사도 이슬을 맞으며 인간과 씨름할 수 있는 것은 하늘의 이슬이 있기 때문이다. 하나님의 사자인 천사도 이슬의 공급이 필요하다. 메신저로서의 영적 에너지가 천사들에게 필요하듯이 우리 인간들에게도 하늘의 이슬이라는 스태미너가 필요하다.

이슬은 자연의 진리이다. 이슬의 진리가 그대를 자유케 해 줄 것이다. 이슬은 필수 종합 비타민이다. 그대의 영적 에너지를 공급해 줄 것이다.

"동이 트기 전에, 나는 떠나야만 한다"라고 천사는 왜 말하는가? 이슬의 충만함을 체험했기 때문이다. 자신은 물론 하나님을 의지하며 따르는 백성에게 흡족한 이슬이 내렸다는 사실을 인식한다. 더 이상 하늘의 이슬이 내리지 않아도 하루를 살아 갈 수 있다는 보고를 하나님께 보고하기 위하여 떠날 수밖에 없는 것이다. 아침이슬이 햇살을 맞이하며 사라져 갈 때, 우리도 자신의 책임과 의무를 다하고 이 세상에서 사라져 간다. 햇살에 노출이 되기 시작할 때, 천사는 그대 곁을 떠난다. 인간들의 생활상을 하나하나 하나님께 보고하기 위하여 떠나는 것이다. 그대의 천사는 지금 어디에 가 있는가?

비록 가진 것이 적다할지라도, 보잘 것 없는 달란트를 지니고 있다할지라도, 내가 소유하고 있는 것으로 "주 안에서" 만족하며 살아갈 수 있다면, 그것은 행복한 삶이다. '주 밖에서' 내가 가진 소유와 명예가 자족할 수 없도록 만드는 것이라면, 오늘부터라도 새벽이슬과 미팅이 요청된다. 밤이 새도록 내 이슬의 역사는 새로운 모습으로 아침햇살을 맞이해야 한다. 영적 이슬의 자서전을 지금부터라도 기록해두어야 할 타이밍이다.

어떤 필요성이 그대의 삶 가운데 갑자기 등장했다면, 어떻게 할 것인가? 동이 틀 무렵의 타이밍이란 기도하기에 이상적인 시간이다. 자연과 호흡하며 기도해보라. 절대 절명의 위기가 당신의 삶 속에 찾아 왔을 때, 어떻게 할 것인가? 해가 동쪽에서 떠오르는 아침에 주님께 당신의 필요를, 당신의 형편을 제시해보라. 하루 중 그대의 가장 완벽한 영적타이밍은 언제인가? 하나님과 교제할 수 있는 시간을 찾으라. 우리가 고통 중에 눈물을 흘리고 있을 때, 하나님은 자신의 메신저를 파송하신다.

인간의 필요성과 하나님의 응답이 성취되는 순간이란 아침이슬이 대지위에 충만하게 내리는 바로 그 순간이다. 그대의 요청이란 무엇인가? 그대의 요청이 하나님의 이슬에 흠뻑 젖어 그대의 삶 속에 깊이 스며들기를 이 순간 기도한다.

지금까지 살아오면서 경험해 보지 못했던 삶의 환희를 맛보며 살아보고 싶지 않은가? 누구의 도움으로 그런 기쁨을 누리며 살아갈 수 있으면 좋으련만... 오늘 하루의 시작을 어떻게 출발 할 것인가? 커피 한잔으로 하루를 시작하는 것보다 이슬 한 방울로 새 아침을 시작하는 것이 좋지 않겠는가! 주님의 이슬이 내릴 때, 당신의 무릎을 꿇어라. 그대의 기도소리가 하드웨어로 바뀌어 질 것이다. 그대의 영적침묵 속에 성령께서 함께 동행 하실 것이다. 비록 이슬이 아주 세미한 안개라 할지라도 그것은 딱딱하게 굳어버린 몸과 마음의 토양을 부드럽게 만들어 주기 시작한다.

대부분의 사람들은 소나기를 원한다. 가뭄에 우리는 비를 갈망한다. 자연 속에서 우리가 비를 소망하며 필요로 하는 것은 당연하다. 비가 내리지 않는다면, 대자연도 신음하기 때문이다. 그것은 우리의 영적생활에서도 필요한 것이다. 우리의 영혼을 시원하게 해 줄 수 있는 선하고 착한 비가 필요하다. 우리를 흠뻑 적실 수 있는 영적 소나기가 요청된다. 그러나 날마다 우리는 그러한 비를 기대할 수 없으며 요청할 수 없지만 거룩한 영적 이슬의 축복을 맛볼 수 있다.

공기, 바로 그 공기, 우리 주위를 감싸고 있는 바로 그 영적인 대기가 주님의 임재로 무거워지기 시작할 때, 바로 그 순간에, 바로 지금 이 실존적인 공간에서 우리는 성령의 이슬을 받을 수 있다는 점을 명심해야한다. 그대의 갈증을 일으키는 영혼의 곤고한 상태를 새롭게 소생시킬 수 있는 성령의 이슬에 주목하라. 무엇이 당신의 발걸음을 무겁게 하고 있는가? 무겁게 짓누르고 있는 그대의 현실은 무엇인가?

우선 "나"의 굳어진 마음의 토양을 부드럽게 하는 것이 우선순위가 아니겠는가! 성령의 이슬은 "그대"의 단단하게 굳어지고 척박해진 마음의 토양을 바꾸어 줄 것이다. 하늘의 이슬은 후퇴와 하강이 아닌 전진과 상승을 향한 힘을 공급해 줄 것이다. 젖과 꿀이 흐르는 가나안 복지를 향해가는 발걸음 위에 생명의 에너지를 제공해줄 것이다.

하늘의 이슬은 그 타이밍이 중요하다. 하나님의 이슬은 자연이 모두 잠이든 고요한 시간에 내려 주신다. 이슬이 내리는 순간은 열도 발생하지 않는다. 이슬이 우리의 지붕에 내리는 순간은 바람도 불지 않는다. 이슬이 대지위에 내리는 순간은 소리도 잠을 잔다. 오직 정적과 침묵만이 이 세상을 지배할 뿐이다. 침묵도 입을 다문다. 하늘의 이슬은 아무 때나 내리지 않는다. 폭풍우와 눈보라가 휘몰아치는 계절이나 오뉴월 태양 빛이 내리쪼이는 순간에는 이슬은 보이지 않는다. 대자연이 고요히 안식을 취할 때, 그 때 비로소 하늘의 이슬은 맺히어 이동하기 시작한다.

그대는 잠잠 하라. 꺼덕대지 마라. 고요히 여호와를 기다리라. 입술의 기도를 멈추고 하나님의 고요를 기다리라. 풍파 중에 고난과 시련 중에 이슬은 내리지 않는다.

모리아Moriah 산에서 산채로 아들, 이삭Isaac을 잡아 죽이는 아브라함Abraham에게는 이슬이 내리지 않는다. 고통과 번민과 회의만이 그를 지배할 뿐이다. 단지 맛보기만 보여 줄뿐이다. 아브라함의 이슬은 생명과 죽음의 선물이다.

모리아 산에서 양처럼 묶인 채로 시퍼런 칼날을 바라

보며 가쁜 숨을 들이 쉬는 이삭에게는 번쩍이며 하늘을 가르며 춤추는 시퍼런 칼날 때문에 이슬이 내리지 않는다. 윤리와 도덕이 무엇인지 전혀 모르는 노망과 치매 끼가 있는 아버지 아브라함이 이삭의 이슬을 가로막고 있기 때문이다. 이삭의 이슬은 반항과 순종의 선물이다.

얍복Jabbok 강가에서 주의 사자와 힘겨루기를 하는 야곱에게는 이슬이 내리지 않는다. 설령 새벽이슬이 소나기처럼 내린다할지라도 자신의 의지와 이성, 감성과 지성 때문에 그 이슬이 불타버린다. 단지 뼈가 부스러지는 고통만이 있을 뿐이다.

감옥에 갇혀 있는 요셉은 이슬의 축복을 받지 못한다. 쇠창살과 담벼락이 하늘의 이슬을 방해하고 있기 때문이다.

이슬과의 만남이 이루어지는 탄젠트 포인트가 홍해Red Sea를 가로지르는 모세에게는 이슬이 내리지 않는다. 하늘에서 내리는 이슬이 불기둥과 구름기둥으로 차단되었기 때문이다. 모세에게는 이슬을 머금고 내리는 만나와 메추라기가 아직 그의 분복이 아니기 때문이다.

요단강을 앞에 두고 있는 여호수아에게는 이슬이 내리지 않는다. 홍수로 불어난 물의 급물살이 이슬을 집어 삼키고 있기 때문이다. 여리고 성을 도는 순간에는 이슬이 내리지 않는다. 시끌벅적하기 때문이다. 넘어야할 성벽과 방어선이 이슬을 가로막고 있기 때문이다.

　영적인 훈련과 단련만 있을 뿐이다. 인내와 참회만이 있을 뿐이다. 광야의 테스트가 끝나게 될 때, 하늘의 이슬이 내릴 것이다. 새 힘을 얻어 독수리처럼 창공을 다시 날수 있을 것이다. 영적으로 피곤해지는 그 진정한 이유는 주님의 임재 속에 고요히 기다리는 시간을 갖지 않기 때문이다. 영적인 성급함이, 영적인 조급함이 우리 스스로를 지치게 만든다. 주님 앞에서 인내하며 고요히 기다리라. 주를 기다리는 사람은 복 있는 사람이다. 영혼이 챙겨야 할 것은 침묵의 시간이며 고요의 시간이다. 경배중에 기다리는 시간이며 정적의 시간이다. 영혼의 타이밍은 하늘의 이슬로 채워지는 순간이다. 하나님이 원하시는 것은 우리의 내적 영혼이 기름부음을 입은 이슬로 흠뻑 적셔주는 것이다. 바람이 불어 올 때, 이슬은 말라버린다. 열이 올라갈 때, 이슬은 사라져버린다. 그러나 만물이 고요할 때, 성령의 이슬은 고요히 우리의 머리를 적시어 주실 것이다.

　"물속에 있는 물고기 갈증을 느낀다. 그 이야기를 들었을 때, 나는 웃음이 나온다"라고 말했던 카비르Kabir의 담론에 박수를 보낸다. 하나님의 전지전능하신 섭리를 제한하는 형식적인 예배가 우리의 영혼을 죽인다. 천편일률적인 형식적인 기도가 영혼을 고갈시킨다.

오늘도 하늘의 이슬이 내린다. 지금 이 순간에도 "하늘의 보물"인 이슬이 우리의 영혼 속에 파고든다. 언제 어느 곳에서나 시공간을 초월하여 존재하시는 하나님의 편재성, 동시성, 그리고 우리와 함께하시는 "임마누엘"Emmanuel의 하나님은 바로 영혼의 갈증을 느끼며 살아가는 물고기들과 동행하신다.

하늘의 이슬을 방해하는 그대, 그대는 진정 누구인가? 하늘의 이슬을 거부하는 그대, 그대는 누구인가? 이슬이 없다할지라도, 하나님을 원망하지 않는 그대, 그대는 누구인가?

2

이슬점(Dewpoint)을 포착하라.

　우선 사전을 찾아 "이슬"의 정의가 무엇인지 알아보았다. 영어로는 "듀-"dew라고 발음한다. 작고 반짝이는 물방울로 청명한 이른 새벽에 풀잎이나 꽃잎위에 종종 나타난다. 듀와 관련된 단어로는 "이슬점"Dewpoint과 "이슬연못"Dewpond이 있다.

　날씨요인 중에 가장 중요한 요소 중의 하나는 이슬점이다. 이슬점의 의미는 공기 중에 있는 습도가 응고되기 시작하는 온도를 말한다. 이슬점 온도는 이슬이나 서리가 형성되기 전에 공기가 서늘해지는 온도이다. 이슬점 온도는 또한 대기 중에서 수증기의 양의 척도가 된다. 대기 중에서 이슬점이 높으면 높을수록 수증기의 양은 더 많아진다. 공기는 눈으로 볼 수 없는 상태에서 수증기라고

불리는 물의 양을 지니고 있다. 따라서 이슬점은 공기의 양에 따라서 달라진다. 이슬점을 안다고 하는 것은 공기 속에 얼마나 많은 수분이 존재하고 있는가 아니면 그 건조 상태가 어느 정도인가를 알 수 있는 것이다.

밤에 공기의 온도는 내려가며 종종 이슬점 온도에 다다른다. 그래서 공기 중의 수증기의 양은 가시적인 액체인 이슬이나 혹은 고체의 형태인 서리로 변하게 된다. 수증기에서 액체나 고체로 변형되는 동안에 많은 양의 열이 발산된다.

만약 이슬점이 높다면, 공기 중의 수증기가 높다는 것을 의미하며 온도가 상당히 높아지는 동안에 이슬이 형성된다. 이때, 밤에 열은 서서히 정상적인 속도로 내려가며 공기의 온도가 너무 냉각되는 것을 막아 준다.

반면에, 이슬점이 낮다면, 건조한 공기를 의미하며 이슬이나 서리는 온도가 차거워 질 때까지 형성되지 않는다. 이때 상태의 변화에서 나타나는 열은 밤 늦게까지 발산되지 않으며 공기가 매우 건조하기 때문에 이슬이나 서리가 형성되지 않는다. 이 같은 경우에 공기의 온도는 급속히 떨어지며 위험한 정도까지 이르게 된다.

일반적으로 이슬점 온도는 봄의 경우 30도에서 40도 정도이다. 이것은 대부분 밤의 경우에는 온도가 30도 이

하로 떨어질 때, 온도의 상승과 하강을 조절하면서 이슬이 형성되며 온도가 서서히 떨어진다. 때때로 건조한 공기가 봄의 계절인 경우에 10도에서 20도 사이에서 이슬점이 형성된다. 이러한 이슬점의 가치는 위험할 정도로 낮은 경우이다. 이슬점이 이렇게 낮게 될 때, 이슬점 온도에 도달할 수 없으며 열 또한 공기에 접촉할 수 없게 된다. 온도는 지속적으로 떨어질 것이며 추위를 느끼게 될 것다. 다행히도 낮은 이슬점의 경우들이 상당히 드물게 발생하며 보통 서리가 내리는 계절이다. 이때 나무의 새싹들은 힘겨워한다.

이슬점 온도는 대부분의 지역에서 비슷하다. 그리고 시간이 흘러감에 따라서 서서히 변하게 된다. 특별히 이슬점이 정상적인 수준이 있을 때, 변한다. 예를 들면, 초저녁에 나타난 이슬점은 밤 동안에 동일한 수준으로 유지되며 약간 떨어지기도 한다. 낮은 이슬점 온도 때문에 공기가 건조해 질 때, 대부분의 지역에서 많은 변화와 이슬점에서 파장이 있을 가능성이 있다. 건조기가 진행되는 경우, 나타나는 이슬점을 평가하여 대기의 변화에 사전 대비가 필요하다.

이슬점의 공식적인 의미는 지속적인 압력에 의하여 공기가 시원해지는 온도를 말한다. 열 받으면 뚜껑이 열린다고들 한다. 기분이 좋을 정도의 서늘함을 느끼게 해주는 온도라고 생각하면 좋을 것이다. 이슬점은 대기 온도보다 높을 수 없으며 보통 낮은 수준이다. 지표면에서 압력은 어느 정도 변하게 되기 때문에 이슬점은 대기 중의 습도를 알 수 있는 좋은 지표가 된다. 이것은 또한 인간의 불쾌지수를 알 수 있는 척도가 된다. 예를 들면, 대부분의 사람들은 이슬점이 20deg에서 70deg F를 넘어가면 불쾌감을 느끼기 시작한다. 이슬점과 종종 비교되는 것으로 일기예보에서 사용하고 있는 상대습도지수는 이슬점이 수분에 달려있는 것만큼이나 대기의 온도에 달려있다. 어느 맑은 날에 상대습도는 대기 중의 온도 상승 때문에 오전에서 오후까지 50%정도 떨어진다. 그러나 이슬점은 온도와 함께 상승하여 정확한 불쾌지수를 알려준다.

이슬점 온도는 습도의 척도이다. 만약 그대가 상당한 공기를 가지고 그것은 냉각시키려 한다면, 그대는 수증기를 얻기 위하여, 그리고 응고시키기 위하여 상당한 에너지를 제거하는 것이다. 수증기는 원래 액체 상태이며 수증기를 증발시키려면 상당한 에너지를 투자해야한다는 것을 명심해야한다. 수증기가 충분한 에너지를 자체적으로 지니고 있다면, 수증기로서 살아갈 것이다. 그러나 냉각을 시키면, 어느 지점에서 응결현상이 발생한다. 응축 상태가 시작되는 온도가 바로 이슬점 온도이다. 눈에 보이지 않던 희망의 기도들이 눈에 보이는 구체적인 증거로 나타나는 순간이다. 소프트웨어의 하드웨어화이다. 상대습도의 관점에서 공기의 양을 냉각시킬 때, 상대습도는 증가한다. 상대습도가 100%로 증가할 때, 나와 여러분들은 이슬점 온도 속에 빠져있는 것이다.

상대습도와는 다르게, 이슬점이 증가하면, 그것은 수분의 양이 증가하기 때문이다. 만약 상대습도가 변하면 그것은 온도의 변화 혹은 습도의 변화 때문이며 이 둘의 변화들은 많은 가능성을 열어 준다. 삶의 현장에서 영적 이슬점을 추적하라.

인간을 포함한 모든 이 세상의 물체들은 낮 동안에 직접적인 방사의 과정을 통하여 태양으로부터 열을 받는다. 작은 풀잎, 정원의 작은 꽃잎들은 방사의 과정을 통하여 낮 동안에 열을 흡수한다. 하지만 밤이 되면, 이 작은 풀잎과 꽃잎들은 낮 동안에 저장해 둔 열을 유지할 수 없다. 이 작은 물체들은 점점 식어가기 시작한다. 그리고 이들 주위에 있는 대기 중의 공기도 서늘해진다. 공기가 이슬점에 다다르게 될 때, 공기는 더 이상 대기 중에 있는 모든 수분들을 저장할 수 없다. 그래서 공기는 남아도는 수분을 풀잎의 이슬 위에 저축해 두는 것이다. 그대의 이슬은 지금 어디에 저장되어 있는가?

　이슬점에서 공기는 수분 때문에 점점 무거워진다. 더 이상 수분의 무게를 감당할 수 없다. 그 결과 공기 중에 있는 반짝이는 작은 물방울들이 나뭇잎 위에 나타나기 시작한다. 왜냐하면 공기는 수분으로 하여금 무거워지기 때문에 더 이상 붙잡아 둘 수 없다. 그래서 작은 이슬방울들이 태어나는 것이다.

　이슬방울들이 맺히는 과정을 본적이 있는가? 동창이 밝을 때까지 코를 골고 있다면, 결코 이슬을 보지 못할 것이다. 태양이 뜨거워지기 시작할 때 이슬은 증발의 과정으로 고통을 겪게 된다. 태양은 수분을 다시 공기 속으로 날려버린다. 속옷까지 이슬에 흠뻑 젖어 본 적이 있는가? 타작마당에 놓여 있는 양털처럼, 쥐어짜면 이슬이 물로 변하는 밤을 지새워 본적이 있는가?

　신앙에도 이슬점이 있다. 기도와 행동의 이슬점을 찾아라. 기도의 이슬을 마셔라. 그리고 행위의 이슬방울을 맺으라. 그대의 손에 든 잔에 이슬이 차고 넘쳐 손 등위에 흐를 때까지, "하늘의 보물인 이슬"을 붙들라.

3

이슬연못Dew Pond에 뛰어들라.

저장된 이슬의 양은 상당했다. 열대지역에서 물받이나 물 꼭지에 의하여 모여진 이슬의 양은 상당했다. 그러나 그것이 전체 강우량에 비할 수는 없었다. 하루 밤에 모여진 이슬의 양은 3미리 정도였다. 그러나 이 수치는 상당한 것이다. 이슬에 의하여 수집된 물의 양은 이슬연못을 유지하는데 아주 밀접하게 연관되어 있다.

후바드G. Hubbard의 저서, *신석기 시대의 이슬연못들 Neolithic Dewponds*라는 제목의 작품은 고대에서부터 있었던 이슬연못은 아주 오랜 역사를 가지고 있다고 전해준다.

소떼를 위한 물 공급의 근원지로서 이슬연못을 사용하고 있었다. 비를 전적으로 의존한 것은 아니며 이슬을 의

존하고 있었다는 증거를 제시한다. 이슬저장은 물 공급에 중요한 기여를 했다는 것이다. 그러나 이슬연못은 하늘에서 내려오는 자연적인 이슬의 저수지라는 점에서 사막의 오아시스와 같은 역할을 한다.

하늘에는 "이슬연못"이 있다. 하나님은 바로 이 연못, "수면" 위에서 무더위를 식히시며 즐기고 계셨다. 성령께서 이 연못에서 물고기와 수초들을 벗 삼아 창조의 섭리를 구상하시고 계획하신 곳이다. 이 연못은 마치 하나님께서 천지를 창조하실 때, 에덴Eden을 출발하여 흐르는 "생명의 강"의 발원지라고 할 수 있다. 이 강은 생명의 동산을 향하여 흐른다. 생명의 동산을 둘러싸고 흐르는 비손Pishon 강, 기혼Gihon 강, 티그리스Tigris 강, 유프라데스Euphrates 강을 먹여 살린다.

그대의 인생길에서 찾을 수 있는 "듀폰드"Dew Pond를 찾아보라. 하늘의 이슬로 그대의 몸과 마음을 적셔보라. 그대의 영혼을 씻으라. 그대의 고민과 걱정거리가 해결될 것이다. 베데스다Bethesda 연못가에서 놀던 그 때, 그 사람들처럼 놀라운 변화를 경험할 것이다. 그대의 고뇌는 성숙한 신앙의 도구로 바뀌어 질 것이다. 하늘의 이슬로 세례를 받으라.

이슬은 그대 인생의 의미 중의 의미가 될 것이다. 이슬은 그대 삶의 영감inspiration이 될 것이다. 이슬의 생명수는 우리를 위한 하나님의 복이며 하나님께서 인간과 자연을 위한 축복과 영적 소생을 위한 생수이다. 문제는 매일같이 반복되는 이슬처럼, 하나님의 복을 어떻게 누리며 살아 갈 것인가이다. 그 분복은 그대 자신에게 달려 있다.

샘과 우물, 연못은 한통속이다. 자고로 신앙의 역사는 우물을 사이에 놓고 치열한 전쟁을 치루지 않으면 안 되었던 시대였다. 물과의 전쟁이었다.

현대는 어떠한가? 물을 돈 주고 사마시는 시대가 아닌가! 아브라함의 우물, 이삭의 우물, 야곱의 우물은 다름아닌 이슬전쟁이다. 눈물의 골짜기로 통행할 때, 그 곳으로 많은 이슬 샘이 되도록 하나님께서는 은총을 베풀어 주셨다.(시84:6) 솔로몬Solomon이 왕으로 기름부음을 받은 기혼Gihon 샘(왕상1:33)은 아들을 위한 아비 다윗의 축복 신탁으로 유명하다. "그대들은 나의 신하들을 거느리고 내가 타던 노새에 나의 아들 솔로몬을 태워서, 기혼으로 내려가도록 하시오."

시편 글쓴이는 솔로몬의 이슬을 다음과 같이 노래한다. 그는 "임금님께서는 길가에 있는 시냇물을 마시고 머리를 높이 드실 것입니다."(시110:7)

21세기는 이슬전쟁이다. 한 개인의 신앙전쟁도 이슬전

쟁이다. 한 영혼의 전쟁도 이슬전쟁이다. 그대의 영혼 속
에 이슬연못이 없다면, 그대의 이슬은 눈물방울로 변할
것이다. 그대 소나기형 사람아! 이슬을 만들어라! 할 수
없다면, 이슬을 내리도록 시도해보라. "불가능의 가능성"
이 그대 앞에 있다.

4

이슬형 복이란 무엇인가?

"복이 있다"라는 의미는 헬라어로 "마카리오스"*makarios*
인데 극단적 행복을 의미한다. 축복의 상태, 완전히 충만한
상태, 더 이상 필요가 없는 상태를 의미한다.

하늘의 보물인 이슬이 그대의 지붕위에 내리면, 감사하
라. 하늘의 보화인 이슬형 축복은 삶의 질과 양에 따라서
3가지-고체형, 액체형, 기체형-으로 분배된다. 3가지 이슬
형 축복은 *몸Body- 마음Soul- 영혼Spirit*에 적용되는 3차원
적이다.

궁극적으로, 이슬형 복과 축복은 '소유개념'이 아니라,
'누리개념'이다. 움켜쥐려는 소유개념은 이슬처럼 소리
없이 사라진다. 그러나 움켜쥔 소유를 '자아-타아'와 더불
어 공유하는 나눔은 진정한 기쁨과 행복을 맛볼 수 있다.

구약이 소유개념이라면, 신약은 누리개념이다. 따라서 이슬형 인간은 하루를 살아도 '있음'을 나누며, '없음'을 누리면서 살아간다. 이슬방울은 절제와 극기, 안분지족의 상징이다. 누릴 것이 없다면, 이슬처럼, 햇살과 더불어 증발하는 지혜로 살아간다.

첫째, 고체형 복이다. 이 복의 출발은 "몸의 신학"Body Theology에서 비롯된다. 그 출발이 가시적인 복이다. 딱딱하며 만질 수 있는 복이다. 눈에 보이는 하늘의 "분복"이다. 마치 말씀이 육신이 되어 태어나는 것처럼, 이 땅에 "소마"Soma, 즉 뼈와 근육, 살을 가지고 태어난 것, 그 자체가 복이다. 사노라면, 자신의 생일을 저주하는 사람도 있었지만 태어나는 순간, 하나님께서 창조한 이 아름다운 세계와 함께 호흡하며 동고동락 할 수 있는 몸 동아리가 있다는 것은 하나님의 은총이다. 나면서부터 여러 가지 장애를 갖고 태어나지만, 그 또한 하늘의 복이다. 모태의 비정상도 하나님의 은혜의 공간이기 때문이다.

몸과 몸이 부딪쳐서 생성과 소멸, 고갈과 소생이 반복되는 이 몸의 역사가 하나님의 은총이다. 몸과 몸의 관계성이 역사의 연장이요, 하늘의 복이다. "네 이웃을 내 몸처럼 사랑하는 것"이 기독교의 윤리이며 하나님께서 허락하시는 복이다.

고체형 복은 구체적으로 땅의 복으로서 야베스Jabez가 기도한 지경을 넓히는 복이다.(역대상4:9-10) 하늘의 이슬로 받게 되는 지경이 확대재생산되는 복이다. 부동산 투기, 증권투자, 도박, 뇌물에 의하여 늘어나는 복이 아니다. 그러한 복은 오래가지 못한다. 지극히 한시적이다. 하늘의 이슬을 받아 30배, 60배, 100배로 정직하게 땀 흘린 대가로 증가되는 복이다.

하나님은 의식주의 이슬을 골고루 분배하신다. 이 고체형 복은 이마에서 정직하게 노동의 대가에서 오는 복이다. 이슬방울은 하늘에서 내리지만, 이마에서 흐르는 땀방울은 흙에서 솟아난다. 인간의 몸은 "Soma"로서 흙에서 지음을 받은 피조물이기 때문이다.

하늘의 이슬방울과 땅의 땀방울이 하나가 될 때, 진정한 부의 재창출이 발생한다. 이슬방울과 땀방울이 하나로 응고될 때, 우리는 그 복의 지경, 깊이와 넓이, 높이를 알 수 있다. 하나님께서 허락하시는 고체형 복은 몸이 춤추며 누리는 정직한 복이다. 물리적인 지진이 발생하지 않는다면, 오래가는 장수의 복이다.

둘째, 액체형 복이다. 이 복은 "마음의 신학"Soul Theology에서 출발한다. 인간의 몸은 70% 이상이 물로 형성되어 있다. 인간의 몸속에 있는 수로의 통로로 원활한 물의 공급이 이루어져야 한다. 충분한 수분을 공급해 줄 때, 몸의 기능은 활발해 진다. 갈증을 느끼는 순간, 이미 몸에 이상이, 병이 생긴 것이다. 몸이 요구하는 갈증은 물과 피가 요구하는 갈증이다. 물과 피의 고갈을 사전에 차단하라. 가능하면, 매 시간마다 몸에 물을 공급하라. 혈액 속에 들어 있는 수분은 이슬을 원한다. 특별히 하나님께서 공급해 주시는 수분이다.

이 복은 몸속에서 물과 피처럼, 멈추지 않고 흐르는 의식의 흐름 속에서 나타나는 생각의 복이요, 사상의 축복이다. 부드러우며 이동성이 있는 흐름의 복이다. 가다가 장애물에 걸리어 막히면 돌아가는 복이다. 결코 멈추지 않는다. 통로의 복, 유통의 복, 소통의 복으로, 거룩한 주님의 보혈이, 주님의 피가 우리의 몸과 마음, 통로에 흐르는 복으로 웰빙의 복이다.

인간은 오래 살기를 원한다. 장수는 하나님께서 허락하신 복이다. 인간의 수명은 하나님께서 통제하고 계신다. 즉, 하나님의 액체형의 복은 정신건강, 마음을 위한 양식이다. 우리의 자녀들은 하나님의 이슬을 마시며 살기를 원한다. 한 방울의 이슬이 생수의 강이 되어 가문의 메마른 갈증을 촉촉이 적셔 주어야 한다. 밥상에 둘러앉은 자녀들은 바로 액체의 이슬방울들이며 맑고 깨끗해야 한다. 이들이 오염되면, 가정은 물론 사회, 국가의 기초가 흔들리며 고난과 고통으로 아픔을 겪는다.

제사장 엘리Eli의 두 아들, 홉니Hophni와 비느하스 Phinehas를 보라. 이들은 회막에서 하나님을 섬기는 여인들과 동침했다. 아들들이 스스로 저주받는 일을 자청하고 말았다. 그 어떤 제물이나 예물로도 영영 씻지 못하는 저주를 받는다. 제사장이라 하여 그의 자녀들이 모두 하늘의 이슬을 마시며 살아가는 것이 아니다. 이슬은 햇살에 노출되어 살아가는 것이 좋다. 햇살에 노출된 이슬방울들은 보석처럼 아름답게 빛이 나기 때문이다.

셋째, 기체형 복이다. 영의 신학Spirit Theology이다. 하나님은 영이시다. 영의 특성은 "나는 스스로 존재 한다"라는 절대성의 메타포이다. 어둠 속에서 태어나 햇살과 함께 사라지는 기체형 이슬은 영의 절대성을 믿는 것이다. 영의 절대성 속에서 나약한 상대성을 인정하고 고백하는 것, 이것이 영혼의 웰빙이다.

존재의 삼위일체는 삼분법이다. 즉, 몸body-마음soul-영spirit으로 구성된다. 이것은 *키메라Chimera*와 같은 메타포로서 사자머리의 상층구조, 염소몸통인 중간구조, 뱀의 꼬리인 하층구조의 형태이다. 여기에 인간의 구조, '영

혼-마음-몸'이라는 3차원적 이슬인간론이 탄생한다. 3차
원적 구조에서 영혼이 우선이다.

우주적 영의 모습은 이슬이다. 영의 하강은 그리스도의
탄생처럼, "임마누엘"과 함께하는 인카네이션의 *소마*, 이
슬 됨을 상징한다. 영이 그 자체를 표현하기 위하여 이슬
방울이라는 특수한 매체로 나타나 사라지는 것은 필연적
이다.

영적 웰빙의 목적은 구원과 영생의 복으로 등장한다.
몸과 마음은 무겁지만, 영혼은 가볍다. 도끼가 물에서 솟
아오르게 하는 것처럼, 베드로의 몸무게를 들어 올리는
것처럼, 몸과 마음의 무게를 들어 올린다. 중력의 법칙을
해체시킨다. 영혼이 혼탁하면, 마음까지도 무거워진다. 육
신의 몸무게는 실제보다도 더 무겁게 느껴진다. 발걸음이
천근만근이나 되는 것처럼 떨어지지 않는다.

영혼의 아픔을 경험한다. 영혼의 고뇌가 시작된다. 영
혼의 회개가 일어난다. 영혼의 눈물이 앞을 가린다. 영혼
의 기쁨이 솟아난다. 바위처럼 무거웠던 영혼의 무게가
새털처럼 창공을 날아간다. 영혼의 이슬이 이름 모를 풀
잎 위에 살며시 내려앉을 때, 비로소 모든 억압에서 해방
의 자유를 느끼게 해준다.

새벽이슬을 보라. 아침이슬을 보라. 햇살에 비친 이슬

방울을 보라. 그대는 새벽이슬이다. 그대는 햇살에 빛나는 진주이다. 영혼이 깨어날 때, 하늘이슬은 촉촉이 그대의 장막위에 내려앉는다. 우리의 영적인 이슬이 하늘의 이슬을 바라 볼 때, "신앙사건"이 발생한다. 영혼의 이슬을 바라보라. 이슬방울을 바라보면, 하늘의 보물이 무엇인지 영적으로 알 수 있다.

이슬형 복이란 하루를 천년같이, 천년을 하루같이 살아가는 형식과 내용을 절제하며 인내하는 극기의 복이다. 결단코 불평이나 원망하지 않는다!

제2장

구약의 이슬

그리스도의 손수건 위에 굴러가는

이슬방울을 만져보라

스며든 이슬이

그대의 몸과 마음과 영혼을

나아만Naaman의 피부보다도

더 보드랍게

변화시킬 것이다. (2 Kings 5:14)

1

풍요의 이슬 Dew of Abundance

"야곱이 가까이 가서, 그에게 입을 맞추었다. 이삭이 야곱의 옷에서 나는 냄새를 맡고서, 그에게 복을 빌어 주었다. '나의 아들에게서 나는 냄새는 주께 복 받은 밭의 냄새로구나. 하나님은 하늘에서 이슬을 내려 주시고, 땅을 기름지게 하시고, 곡식과 새 포도주가 너에게 넉넉하실 것이다.

여러 민족이 너를 섬기고, 백성들이 너에게 무릎을 꿇을 것이다. 너는 너의 친척들을 다스리고, 너의 어머니의 자손들이 너에게 무릎을 꿇을 것이다. 너를 저주하는 이마다 저주받고 너를 축복하는 이마다 복을 받을 것이다.'"(창27:27-29)

"참으로 원통하고 분하다! 분통 터질 일이다. 하늘의

이슬을 받아먹지 못하다니.....” 누구의 탄식이란 말인가? 에서Esau가 아닌가! 그 털보 말이다. 야곱이 형, 에서의 축복을 가로채는 장면이다. 아버지 이삭은 변장을 하고 다가온 야곱에게 마음껏 축복을 빌어준다.

이삭의 이슬은 ‘축복의 이슬’로써 풍요와 다산과 넉넉함과 너그러움의 상징이다. “하늘의 이슬”은 위에서 내리는 ‘은총의 이슬’로써 결코 인색하지 않다.

하늘은 넓고 푸르다. 하늘의 이슬은 보편적인 공평의 이슬로써 차별이 없다. 편견이 없다. 그러나 하늘의 이슬은 특수한 주체적이며 영적인 축복의 이슬이다. 이것은 아비와 아들의 관계성의 이슬이다. 자녀들이 잘 되기를, 성공하기를, 출세하기를, 건강하기를 바라는 가문과 족보 가치의 이슬이다.

하늘의 이슬을 먹고 자라는 사람은 행복하다. 아비의 이슬과 어미의 이슬을 먹고 자라는 자녀들은 결코 실패하지 않는다. 하늘의 이슬이 메말라 버린 사람들은 어딘가 모르게 그 무엇이 결핍되어 있다. 고갈의 틈이 벌어진다. 그래서 인색하다. 그럴 수밖에 없는 운명이다. 참으로 안타까운 일이다.

이삭은 눈이 어두워 어쩔 수 없는, 피할 수 없는 실수를 저지른다. 이삭은 자신의 실수를 인정하지 아니한다.

아내 리브가의 "의도적 오류"와 편견은 평생 자신을 물론 두 아들 에서와 야곱에게도 스스로 고난의 십자가를 짊어지게 한다. "내가 어찌 하루에 자식 둘을 다 잃겠느냐!" 어미의 고통은 자업자득이 아닌가! 하루 동안에 두 자식을 잃게 될 위험에 처하게 된다. 에서는 아버지와 어머니에 대한 분노와 원한의 불을 지핀다. "아버지를 곡할 날이 멀지 않았으니, 그 때가 되면, ..." 자신의 미래가 어머니의 페르소나 조작으로 저주의 대상이 되었기 때문이다. 에서의 인생여정이 순탄치 않다.

"네가 살 곳은 땅이 기름지지 않고, 하늘에서 이슬도 내리지 않는 곳이다. 너는 칼을 의지하고 살 것이며, 너의 아우를 섬길 것이다. 그러나 애써 힘을 기르면, 너는 그가 네 목에 씌운 멍에를 부술 것이다."(창27:39-40)

에서의 땅은 이슬이 내리지 않는다. 그의 몸도 갈라진다. 어차피 인생은 갈라진 땅이다. 틈이 벌어진다. 가뭄이요 흉년이다. 고달프다. 고통스럽다. 그 갈라진 틈을 이슬로 채우라. 꿈과 비전의 이슬을 마시라. 특별히 아비는 자식들에게 하나님의 이슬이 내리도록 축복해 주어야 한다.

그 결과는 무엇인가? 반석위에 믿음의 명문가정을 세우는 것이다. 신앙의 Family를 구축하는 것이다. Family 의 이니셜 레터-*Father and Mother, I love you*-를 보라.

이슬의 자녀들은 부모를 사랑하며 공경한다.

하늘의 이슬이 맑아야 땅의 이슬이 깨끗하다. 윗물이슬이 맑아야 아랫물이슬도 맑아진다. 하늘의 이슬은 전적으로 땅의 갈증을 위한 자원이며 자식농사용이다.

이삭이 바라보는 하늘에는 이슬이 포도송이처럼 주렁주렁 매달려 있다. 하나님의 포도원에는 포도즙이 파도처럼 넘실거린다. 스스로 "죽음의 선물"이 되었던 이삭이 아니었던가! 그 아비, 아브라함의 영적인 고통만큼이나 그 자식의 순종의 고통은 더 컸을 것이다.

이삭의 이슬은 풍요의 이슬이다. 햇살이 비치면, 땅의 이슬은 사라진다. 그러나 하늘의 이슬은 영원히 존재할 것이다. 햇살 주머니에 영원토록 저장될 것이다.

> 그대는 하늘에서 무엇을 볼 수 있는가?
> 그대는 땅에서 무엇을 볼 수 있는가?
> 그대가 자식에게 남겨줄 이슬은 무엇인가?
> 그대가 복 받을 밭의 냄새는 무엇인가?
> 그대가 물려줄 이슬은 무엇인가?
> 그 "풍요의 이슬"을 맛보려면, 무엇을 해야 하는 것인가?

2

식량의 이슬 Dew of Provisions

"먹거리가 아니면, 죽음을 달라."

"왜 우리를 이곳까지 끌고 와서 여기서 죽게 만드느냐!"

"그 날 저녁에 메추라기가 날아와서 텐트를 친 곳을 뒤 덮었고 다음 날 아침에는 텐트를 친 곳 둘레에 이슬이 촉촉이 적셔있었다. 이슬이 걷히고 나니 이럴 수가! 광야지면에 마치 땅위에 서리처럼 보이는 가는 싸라기 같은 것이 덮여 있는 것이 아닌가! 이스라엘 자손이 그것을 보고 그것이 무엇이지 몰라서 서로 '이게 무엇이냐?'하고 물었다. 모세가 그들에게 말하였다. '이것은 주께서 너희에게 먹으라고 주신 양식이다.'" (출 16:13-14)

노예의 상태에서 벗어나 자유를 얻은 기쁨도 잠깐이다. 아무리 상부구조의 자유를 누린다할지라도 하부구조의 빵 문제를 해결하지 못하면, 불평불만의 소리가 들려온다. 누구를 원망하랴. 원망할 사람도 없으니. 하늘이나 원망해야지. 사람을 원망하면, 소인배다. 작은 그릇이다. 하늘을 원망하면 대인이다. 큰 그릇이다. 매를 맞아도 하늘의 매를 맞아라. 그것은 축복의 통로요, 은혜의 길이다.

"내가 이스라엘 백성들의 원망하는 소리를 들었다. 그들에게 말하라. 너희가 저녁이 되면, 고기를 먹고 아침이 되면 빵을 배불리 먹을 것이다. 내가 여호와 너의 하나님인 것을 알게 될 것이다."(출16:11-12)

하늘을 원망해 보라. 원망하지 않으면, 하나님은 듣지 않는다. 원망하지 않는 자는 먹거리가 없다. 배불리 먹을 수 없다. 이웃을 원망해서 얻게 되는 먹거리는 엄밀히 말하면, 뇌물이다. 어부지리漁父之利의 화신이 될 수 있다.

원망이야말로 배부름의 지름길이다. 울부짖으라. 소득의 원천이다. 어린아이의 보채는 패러다임으로 고뇌의 목청을 높여보라. 원망의 나팔을 불어라. 원망의 미학은 추수의 미학이다. 이른 아침 만나manna를 추수하는 기쁨을 맛볼 수 있다.

하나님의 정체성을 알기 위한 최소한의 정보는 원망하는 것이다. 이러한 원망의 목소리는 예수의 귀에도 들렸을 것이다. "구하라, 주실 것이요, 찾으라, 얻을 것이요,

두드려라, 열릴 것이다."(마7:7) 구하여도 얻지 못하기 때문에 원망하는 것이다. 찾아보아도 찾지 못하기에 원망하는 것이다. 원망하라, 구할 것이요. 원망하라, 얻을 것이요. 원망하라, 열릴 것이다.

마치 겨울에 밤을 지새고 나면 장독대에 소복히 쌓인 하얀 눈처럼, 이슬과 "만나"가 함께 내린다.(민11:9) 이슬은 마치 모태의 양수와 같다. 하늘의 이슬이 "만나"를 감싸 안는다. 덮고 있다. 안개와 같은 이슬이 걷히기 전까지 "만나"는 보이지 않는다. 왜, 그럴까? 하나님이 주신 양식이기 때문이다.

하나님의 양식에는 하늘의 거룩한 이슬이 배어있다. 하늘의 피와 살이 그리고 향기가 스며있다. 이슬을 머금은 육적인 양식, 영적인 구원의 영양가가 풍부하다. 광야 40년을 거뜬히 주파하여 생존할 수는 에너지와 비타민이 풍성하다. 이슬을 머금은 먹거리는 신선하다. 맛이 있다. 부패하지 않는다. 좀이나 곰팡이가 슬지 않는다. 이슬을 머금은 빵은 깨끗하다. 더티하지 않다. 정정당당하게 하늘을 원망하여 얻은 것이다. 이웃집 울타리를 넘어 훔쳐온 빵이 아니다. 보이지 않는 어둠 속에서 주고받는 뇌물이 아니다. 주기도문에 등장하는 깨끗한 "일용할 양식"이다.

이슬을 머금은 "만나" 속에는 갈증이 없다. 우물이 필요 없다. 별도의 생수가 필요 없다. "만나" 속에 스며든 이슬은 하늘의 생명수가 내포되어 있기 때문이다.

"만나는 이제 질렸다오! 누가 우리에게 고기 좀 먹게 해 다오"

불평은 한이 없다. 불평은 불평으로 해결할 수 없다. 그럼에도 불구하고 한번 더 불평해보라. 고기가 생긴다. 메추라기의 씹는 즐거움을 맛볼 수 있다. 자고나니, 텐트와 장막 위에 떨어진 메추라기quail가 즐비하다. 모세의 이슬은 먹거리의 이슬이요, 배부름의 이슬이다. 충족의 이슬이요, 하부구조가 완성되는 이슬이다. 여호와는 인간의 하부구조를 책임지신다. 이른 비와 늦은 비를 내려주시듯 먹거리와 마실 것은 하나님의 소관이다.

그대는 이슬에 적신 "만나"와 "메추라기"를 먹어 본 적이 있는가? 그대는 이슬과 "만나"가 함께 내리는 새벽까지 뜬 눈으로 밤을 지새워 본 적이 있는가?

3

언어의 이슬 Dew of Language

모세는 미디안 계곡에서 밤이슬과 새벽이슬을 맞으며 살아온 사람이다. 고난의 이슬이 아니요 행복의 이슬이, 마침과 완성의 이슬이 그를 기다리고 있었다. 아직도 그가 마셔야할 이슬이 가나안 땅에 차고 넘쳐흐른다.

느보 산Mount Nebo 정상에 올라 가나안 땅을 내려다보는 모세의 심정은 어떠했을까? 바로 코앞에 보이는 "젖과 꿀이 흐르는 가나안" 땅을 앞에 두고서 그는 무슨 생각을 했을까?

약속의 땅 가나안으로 들어가고 싶었다. 그러나 하나님께서 그의 남은 앞길은 막으신다. 어쩌란 말인가. 여기까지 걸어온 인생의 여정이 더 이상 한 발짝도 나아갈 수 없으니 ..... 이것이 인생의 한계요, 신앙의 딜레마란 말인가?

아침 햇살에 비친 영롱한 이슬방울을 본 적이 있는가? 이슬을 받친 풀잎의 결까지 볼 수 있다. 풀잎의 길이 보인다. 풀잎의 이정표가 보인다. 풀잎의 계곡이 보인다. 풀잎의 평원이 보인다. 참으로 선명하다. 맑고 깨끗하다. 햇살에 비친 이슬의 영혼이 우주를 품에 안는다. 휘트먼 Walt Whitman은 "풀잎"Leaves of Grass이라는 시에서 "풀잎은 주님의 손수건이다"라고 고백한다. 그 풀잎 위에 미세한 입자들이 모여든다. 입체적이며 아름다운 저 영혼의 진주들을 어떻게 탄생시킬 수 있을까?

잔디 위에 피어난 수많은 솜털을 본 적이 있는가? 이슬이 없다면, 볼 수 없으리라. 이른 여름아침에 잔디와 미팅한번 해보라. 쭈그리고 앉아서 가느다란 잔디 잎 위에 솟아난 솜털들을 살펴보라. 그 가느다란 솜털위에 매달려있는 이슬의 표정을 살펴보라. 그들의 담론과 이야기에 귀를 기울여보라. 그리고 자문해보라. "나에게도 이슬이 있는가?"

이슬이 아니라면, 보이지 않는 것을...
이슬이 아니라면, 꽃이 피지 않는 것을...
이슬이 아니라면, 영글어 가지 않는 것을...

이슬이 아니라면, 열매가 없는 것을…

이슬이 아니라면, 소리가 없는 것을…

이슬이 아니라면, 침묵이 없는 것을…

이슬이 아니라면, 말씀이 아닌 것을…

"하늘아, 나의 말에 귀를 기울여라! 땅아, 나의 입에서 나오는 말을 들어라. 나의 교훈은 내리는 비요, 풀밭에 적시는 소나기다. 나의 말은 맺히는 이슬이요, 채소위에 내리는 가랑비다. 내가 주의 이름을 선포할 때에, 너희는 '우리 하나님은 위대하시다'하고 응답하여라."(신32:1-3)

모세의 언어는 말을 증류시켜 불순물을 제거하고 걸러 낸다. 말을 다듬고 깎아 내서 "맺히는 이슬"을 만들어 낸다. 말의 정수를 추출하여 알곡만을 뽑아낸다.

본질이 좋은 말만 선택하라. 그리고 서서히 영글어가게 하라. 바닷물을 증류시켜 담수용으로 사용하듯, 말의 향기- "우리 하나님은 위대하시도다"-를 뿜어내라.

제자들이 수군거린다. "말씀이 이렇게 어려우니 누가 알아들을 수 있겠는가?" 예수의 언어는 "아직" 맺혀지지 않은 이슬이다. 그래서 제자들은 그리스도의 이슬을 이해 할 수 없다. 그러나 그리스도는 친절하다.

"생명을 주는 것은 영이다. 육은 아무데도 소용없다.

내가 너희에게 한 그 말은 영이요, 생명이다."(요6:60-63)

예수의 언어 이슬에 귀를 기울여 보라. "내 살은 참된 양식이요, 내 피는 참된 음료다. 나는 하늘로부터 내려온 빵이다." 예수의 언어는 메타포다. 그 메타포는 성만찬의 언어요, 성만찬은 예수의 맺혀진 이슬이다.

예수의 이마에서 흐르는 땀방울은 이슬이요, 핏 방울이다. 생명의 이슬이요, 영의 이슬인 예수를 바라보라. "들의 백합화"도 "공중의 나는 새"도 그 이슬에 매달려 살아간다.

"맺히는 이슬처럼" 과연 우리의 대화가 추수하는 기쁨을 누릴 수 있을까? 말 한마디에 천 냥 빚을 값을 수 있을까? 지나친 과장인줄 알면서도, 인간의 담론이 정말 "맺히는 이슬"이 될 수 있을까? 맺히는 이슬이 되기 전, 떨어지는 이슬을 어느 누가 보듬어 안아 줄 수 있을까?

4

언덕의 이슬 Dew of Hillock

하늘의 보물은 이슬이다. (신33:13)

하늘의 보물은 무엇인가? *신명기Deuteronomy* 글쓴이는 그 해답을 알고 있다. 하늘의 보물은 인간을 위한 보물이다. 그 보물의 열쇠는 구하는 자의 입과 손에 달려있다. 오늘도 우리는 그 보물과 함께 살아간다. "위로 하늘의 복과 아래로 원천의 복과 젖먹이는 복과 태의 복"(창49:25)은 다름 아닌 이 보물에서 나온다.

땅 아래 저장된 지하의 샘물이 존재한다. 이 역시 이슬이 모인 결정체가 아니고 무엇이겠는가! 하늘의 보물을 먹고 살아가는 것은 모든 피조물들이다. 인간을 포함한 모든 우주의 생명체들은 이슬의 섭생으로 살아간다.

하늘의 보물이 왜 이슬인가? 그것이 궁금하다. 그것은 태초에 천지를 창조하실 때에 "하나님의 신이 수면위에 운행"(창1:2)하시듯이 하나님의 창조사역에서 없어서는 안 될 중요한 자원이었기 때문이다. 어쩌면 하나님께서도 하늘의 이슬을 마셨을 것이다.

이슬의 확대재생산은 바로 물이다. 물의 축소재생산은 이슬이다. "이른 비"와 "늦은 비"의 원천은 바로 이슬이다. 골고루 내려 주시는 보슬비, 가랑비, 소나기, 갑자기 쏟아지는 우박 등은 모두 이슬의 사촌들이다. 겨울에 내리는 눈과 땅에서 솟아오르는 안개와 서리도 이슬과 친척 간이다. 이 보물과 접촉 때문에 우주는 살아 숨 쉰다. 마음씨가 곱든 나쁘든, 가난하든 부자든 변함없이 동일하게 하나님은 그들의 지붕위에 소리 없이 이슬을 내려주신다.

모세가 죽기 전에 요셉 지파의 이슬에 대하여 선포한다.

"주께서 그들의 땅에 복을 내릴 것이다. 위에서는 하늘의 보물 이슬이 내리고 아래에서는 지하의 샘이 솟아오른다. 햇살을 받아 익은 온갖 곡식과 달빛을 받아 자라나는 온갖 과실이 그들의 땅에 풍성할 것이다. 태고 적부터 있

는 언덕은 아주 좋은 과일로 뒤덮일 것이다."(신33:13-15)

언덕은 이슬을 마시며 힘을 얻는다. 땅심의 기가 솟는다. 그 언덕의 이슬은 뿌리에서 줄기를 타고 가지로 힘차게 솟아오른다. 새순과 새싹, 꽃 봉오리와 화들짝 피어낸 꽃송이, 수줍어 살결을 보여주는 열매의 껍질까지도 이슬방울이 떼굴떼굴 굴러간다. 좋은 과일은 이슬에 젖은 웰빙이다.

땅도 복을 먹고 살아 간다. 비옥한 땅이 있다. 척박한 땅도 있다. 땅 위에도, 아래도 복을 받아야 한다. 풍요로운 수확으로 기쁨을 주는 땅이 있는가 하면, 온갖 돌덩어리로, 모래사막으로 생산성이 결여된 땅들이 있다. 예수의 "씨 뿌리는 사람"에 대한 비유는 4가지의 땅이요, 몸을 지칭한다.(마13:1-9)

레싱Doris Lessing은 "모든 온전함은 이것에 달려 있다. 살갗 밑에서 쉽게 움직이는 뼈들이 있다는 것을 인식하라. 피부를 강타하는 열을 느낄 수 있는 기쁨과 똑바로 서 있는 기쁨이 있어야 한다"고 고백한다. 살과 같은 기름진 옥토에 뼈와 같은 씨앗을 뿌려라. 이슬을 머금은 좋은 밭에서 좋은 씨의 결실을 맺는다.

하늘의 보물인 이슬을 마시며 살아가자. 그렇지 않으면, 생명의 에너지가 순식간에 고갈될 것이다. "땅이 우리마저 삼키려하는구나"(민16:34)라고 소리치며 줄 행낭을 치는 이들을 살펴서 경계하라. 혹시 그대가 딛고 선 땅바닥이 갈라지고 있지 않는지?

요셉의 이슬에게 물어보라.

5

평화의 이슬 Dew of Peace

곡식과 포도주가 가득한 이 땅에서 하늘에서 내리는 이슬에 흠뻑 젖는 이 땅에서, 이스라엘이 평화를 누린다. 야곱의 자손이 안전하게 산다. (신33:28)

밀레Agnes de Mille는 "삶은 확신할 수 없는 형식이다. 다음에 무엇이 올지 방법이 무엇인지 알 수 없다. 방법을 아는 순간, 그대는 서서히 죽어갈 것이다. ..... 그러나 우리는 어둠 속에서 도약하고 난 후, 도약 한다"고 주장한다. 그러나 하늘의 이슬에 흠뻑 젖어보라. 행복할 것이다. 평안한 마음을 얻게 될 것이다. 하늘의 이슬이 내리지 않는 곳에는 평화가 없다. 불안과 초조, 반목과 증오, 질투와 투기, 불평과 불만이 넘쳐흐른다.

이스라엘은 행복하다. 안전하다. 자유를 만끽한다. 평화를 누린다. 고도의 긴장과 갈등이 치유되며 사라진다. 전쟁의 위험이 없다. 평화는 거저 찾아오는 것이 아니다. 행복은 누가 거저 주는 것이 아니다.

하늘이 이슬을 내리는 곳은 안전하다. 불안과 초조와 공포가 발을 붙일 수 없는 곳이다. "죽음에 이르는 병"이 사라지는 곳이다. 절망이 죽는 곳이다. 고갈이 생수로 소생하는 곳이다. 하늘이 이슬을 내리는 곳은 명당자리다. 하늘이 이슬을 내리는 장막은 행복하다. 그곳의 최대의 은총은 구원의 장이다.(신33:28) 하늘의 이슬을 담아내는 샘은 영원하다. 영원한 갈증이 없는 곳이며 영생의 꽃이 피어나는 곳이다.

하늘의 이슬은 믿는 자들의 방패며 칼이다. 하늘의 이슬은 승리의 이슬이다. 전쟁터의 요충지인 높은 고지와 언덕을 차지할 것이다. 야곱의 자손들은 평화롭고 행복하게 살아간다. 저들의 조상들이 하늘의 이슬을 마시며 살았기 때문이다.

"행복이란 보기 드문 식물이다. 거의 땅에 뿌리를 내지 않는다"고 브레싱톤Blessington은 *사회의 속죄양The Scapegoat of Society*에서 주장한다. 행복은 고통의 드라마에서 단지 종종 나타나는 에피소드 일 뿐이다. 사라지

는 것이 일반적인 행복이다. 에덴의 "선악과"와 함께 우
리가 먹을 수 있었던 평범한 빵이다. 행복이란 꺾어서는
안 될 꽃이다. 행복이란 단지 햇살의 상자 일 뿐이다.

"행복해지는 것이 나의 목표이다"라던가 "나의 필요
가 충족된다면, 나는 행복해질 것이다"라는 생각은 가장
불행한 존재로 만드는 것이다. 이러한 생각은 "어떻게 살
것인가"라는 삶의 방법을 제시해주고 있지만 이것은 주
님이 제시하는 인생에 대한 의미를 정면으로 부정하며
도전하는 것이다.

하나님은 자기의 마음에 드는 사람에게는 지혜와 지식
과 행복을 주신다. 그러나 눈 밖에 난 사람에게는 개미처
럼 땀 흘려 쌓는 수고를 시킨다. 그리고 그 모은 재산을
하나님 마음에 드는 사람에게 주신다. 행복이란 하나님
의 마음을 흡족하게 하는 사람에게 주어지는 특별한 선
물이다.

예수는 마태를 통하여 "산상수훈"의 행복을 역설하신다.
이 행복은 고통의 행복이다. 절제된 행복이다. 영혼의 행
복이다. 마음의 행복이다. 산상수훈을 왜곡하지마라. 세속
적인 행복의 기준과는 차원이 다른 반-문화적인 복이다.

행복은 솔로몬이 *전도서*에서 고백하고 있는 것처럼
(2:26) 하나님을 기쁘게 해드리는 생활 속에서 나온 결과

이다. 기분이 좋다면, 행복해지는 것인가? 그래서 기분이 좋은 일이면 무엇이나 해도 괜찮은 일인가? 주님은 그렇게 말씀하시지 않으셨다. 인간이 느끼는 감정의 방식과 하나님의 영적인 행복은 연결되어있지 않다는 것을 선포하신다. 감정은 덧없는 것이다. 한순간의 감정은 어느덧 사라지고 공허한 자리만이 맴돌 뿐이다.

마치 새옹지마塞翁之馬의 스토리처럼, 하나님은 솔로몬에게 행복한 날과 불행한 날이 동시에 공존하고 있다고 가르치셨다. 하나님께서 이 두 가지의 극과 극을 항상 준비해두셨다. 이 사실을 명심하라. 따라서 인간들은 샌드위치형 인간들이다. 하나님은 인간의 미래를 알 수 없도록 봉인해 두셨다. 그래서 내일 일은 알 수 없는 것이다.

행복은 의로운 삶의 과정이요, 경과이다. 행복은 하나님의 말씀에 순응하며 살아가는 과정의 결과들이다.

야곱의 이슬은 평화의 이슬이다. 그의 이슬은 물러섬의 이슬이다. 비켜섬의 이슬이다. 주님께서 "소금을 두고 화목하라" 하신 것처럼, 이슬을 두고 화목하라. 이슬을 두고 사랑하라.

6

징표의 이슬 Dew of Sign

이스라엘의 한 젊은이가 미디안 사람들에게 들키지 않으려고 포도주 틀에서 몰래 밀 이삭을 타작하고 있었다. 왜, 그는 포도주 틀을 밀 이삭 틀로 사용하고 있는 것일까? 기능이 서로 다른 도구를 가지고 상식에 맞지 않는 수확을 하고 있는 것이다. 자유가 없는 식민치하에서 실존적 불안의 생활상을 적나라하게 보여주고 있다. 배고픔과 굶주림에 지쳐 있었을 것이다. 몰래 타작하여 숨겨둔 곡식으로 배를 채우려고 했을 것이다. 그는 불안과 초조와 긴장 속에서 타작을 하고 있었다. 발각되면, 살아남지 못할 것이다. 이 때, 주의 사자가 나타난다.

"기드온Gideon, 그대는 용감하다. 여호와께서 함께하신다."

"주께서 우리와 함께하신다면, 왜, 우리가 이 모든 어려움을 겪고 있습니까? ..... 지금은 주께서 우리를 버리기까지 하셔서 우리가 미디안 사람의 손에 넘어가게 되었습니다."

"내가 친히 너를 보내노라."

"보시는 바와 같이 나의 가문은 므낫세Manasseh 지파 가운데서 가장 약하고 또 나의 아버지 집에서도 가장 어린 사람입니다."

"구원의 표징을 내게 보이소서"(삿6:17)

하나님의 요구는 위험하다. 생명의 위협이 될 수 있다. 아버지, 요아스Joash가 섬기고 있는 바알Baal과 아세라 Asherah 상을 찍어 불사르고 그곳에 제단을 쌓으라고 명령한다. 기드온은 두려움에 휩싸여 낮에 하지 못하고 밤에 일을 저지른다. 다음날 허물어진 제단과 파괴된 신상의 주역이 기드온이라는 사실을 알고 미디안 사람들이 그를 죽이려고 한다. 이때 기드온의 아버지는 "만일 바알이 신이라면, 자기의 제단을 헐어버린 사람과 직접 싸우도록 하시오"라고 제안한다. 기드온의 이름이 "여룹바알"Jerubbaal이라는 이름으로 바뀐다. 신앙사건이 발생할 때마다 이름이 바뀌는 성명신학이 발생한다. "여룹바알"이라는 의미는 "바알이 싸우게 하여라"는 뜻이다. 그는 하나님의 존재에 대한 확실한 증명을 보이기 위해 '이프 신학'If Theology을 제시한다.

"타작마당에 양털 한 뭉치를 놓겠습니다. 양털에만 이슬을 내려주시고 주변에는 마른 땅이 되게 해 주신다면 그 때 믿겠습니다."

보편적인 자연현상으로 기드온이 요구하는 특수한 상황을 만들어 낼 수 있을까? 불가능하다. 다음날 기드온은 궁금하여 일찍이 일어난다. 아마도 그는 잠을 자지 못했을 것이다. 양털을 취하여 이슬을 짜보니 물이 그릇에 가득 채워지는 징표를 얻게 된다. 양털은 기드온의 몫이다. 이슬은 하나님의 몫이다. 그릇에 가득 채워진 이슬은 축복이요, 약속의 징표였다.

기드온은 포도농사를 짓는 농부임에도 불구하고 대단히 이성적이며 논리적이며 과학적인 사유체계를 지닌 인물이었다. 양털에 스며든 이슬은 땅에서 스며 올라 온 것일 수도 있다고 생각했다. 그의 "의심의 신학"이 다시 한번 하나님을 테스트한다.

"하나님, 화내지 마시고 이제는 그 반대로 한번 보여주시죠. 양털만 마르고 사면의 땅에는 이슬로 적셔 주세요."

결과는 양털에서 이슬을 짜 낼 수 없었다. 그러나 주변의 땅에는 자신의 발자국을 내기에 충분할 정도로 젖어 있었다. 기드온의 자신감은 하나님께서 특별히 주신 선물이었다. 인간의 소명 문제가 해결된다. 양털위에 내려앉은 미세한 이슬방울로 하나님은 자신의 정체성이 드러낸다. 기드온의 이슬은 국가와 민족을 재건하는 구원의 이슬이었다.

기드온의 1, 2차 시험에 합격한 하나님의 심정은 어떠했을까? 혹시 괘씸죄라도? 그가 누구이길래 하나님을 시험해 보는가? 그대는 자신의 신앙타작마당에서 실존적인 고뇌의 문제들을 이슬테스트로 체크해보지 않겠는가?

7

반전의 이슬 Dew of Reversal

압살롬Absalom아! 압살롬아!

너 "평화를 사랑하는 아비"라는 타이틀을 쥐고서 아비에게 칼을 들이대다니 그게 할 짓이냐? 아비를 향하여 창과 칼을 들었으니 너의 운명이 풍전등화 같구나. 불효의 종말이 어떻게 끝이 나던가? 쿠테타를 일으킨 세력들은 반대파들을 숙청해야만 한다. 무혈정권이란 쉽지 않은가 보다. 아버지 다윗을 제거할 작전회의가 진행 중이다. 군 작전참모장인 아히도벨Ahithophel이 전략을 발표한다.

"1만 2천명을 제게 주소서. 야간에 급습하여 다윗 왕과 따르는 자들을 떼어 놓는 분리전략을 취하면 승리할 수 있습니다. 이때, 다윗 왕만 죽이면 모든 백성은 왕에게로 돌아 올 것입니다."

압살롬과 이스라엘 장로들이 모두 동의했다. 그러나 압살롬 왕은 후새Hushi의 전략도 듣고 싶어 한다. 그래서 그를 부른다. 왜, 그를 부르고 있는 것일까? 후새는 누구인가? 부왕인 다윗의 친구가 아닌가! 부왕의 친구를 압살롬은 어떻게 믿을 수 있단 말인가? 아버지의 친구였던 후새는 친구를 배반한 인물로 의심하고 압살롬은 후새에게 묻는다.

"이것이 친구를 대하는 그대의 우정이오? 어찌하여 그대의 친구를 따라서 떠나지 않았소?"

"당연히 부왕의 아드님을 섬겨야 하지 않겠습니까? 그러므로 제가 부왕을 섬긴 것같이 이제는 임금님을 섬기겠습니다." 라고 후새는 압살롬을 안심시킨다. 그리고 다음과 같은 전략을 제안한다.

"아히도벨의 전략은 좋지 않습니다. 다윗 왕과 그의 추종자들은 곰이 새끼를 잃은 것처럼 격분하고 있는 상황이며 왕의 부친은 병법에 능통한 사람입니다. 바닷가의 모래알처럼 총동원령을 내리시어 만날만한 곳에서 마치 이슬이 땅에 내리는 것처럼 엄습하시는 것이 좋습니다." (삼하17:12)

분리전략이냐 총 공격이냐를 놓고 설전이 벌어진다. 결

국 압살롬을 비롯한 모든 이스라엘 사람들이 아히도벨의 전략보다 후새의 전략이 더 좋다는 결론을 내린다. 군 통수권자로서 아히도벨은 통탄할 일이다. 아히도벨은 자신의 전략이 후새의 전략보다 낫다는 확신을 갖는다. 실재로 전투가 벌어지면 아히도벨의 승산이 있는 전략이었다.

그러나 *사무엘하II Samuel* 글쓴이는 후새의 손을 들어준다. 그 이유는 여호와께서 압살롬을 심판하기 위한 의도였다는 것이다. 압살롬의 승리를 막기 위하여 하나님께서는 압살롬의 승리의 전략보다는 패배의 전략을 사용하도록 유도하신다. 아들의 반역보다는 아버지의 승리를 원하신다는 것이다.

전략의 반전은 어디서 오는 것일까? 그것은 "이슬전략"이다. 이슬전략이란 무엇인가? 하늘에서 내리는 이슬은 소리가 들리지 않는다. 이슬은 눈에 보이지 않는다. 후새의 전략에 압살롬은 넘어간 것이다. 소리 없이 하늘에서 내려와 온 대지를 적시는 이슬처럼 적진으로 소리 없이 침투해 들어간다면, 승리할 수 있을 것이라는 전략이었다.

전략전술 중의 이슬 전략은 최상의 전략이다. 후새의 이슬전략은 반전의 이슬이다. 압살롬의 실수는 여기에 있었다. 압살롬은 후새를 경계했어야만 했다. 후새는 제사장 사독과 아비아달에게 압살롬의 전략을 다윗진영에 알려준다. 작전에 실패한 아히도벨은 목매달아 죽게 된다.

"이미 후새를 통하여 압살롬이 재앙을 당하게 하시려고 아히도벨의 좋은 모략을 좌절시킨 것은 하나님의 뜻이었다."(삼하17:14)

아버지에 대한 반역은 곧 죽음이요, 재앙이라는 것을 후새의 이슬은 전해준다. 그대는 이슬이 내리는 소리를 들어 본 적이 있는가? 그대는 이슬이 내리는 것을 눈으로 본 적이 있는가?

8

축복의 이슬 Dew of Benediction

욥Job의 이슬론이다.

"그래서 나는 늘 '나는 죽을 때까지 이렇게 건강하게 살 것이다. 소털처럼 많은 나날, 불사조처럼 오래 살 것이다. 나는 뿌리가 물가로 뻗은 나무 같고, 이슬을 머금은 나무와 같다. 사람마다 늘 나를 칭찬하고, 내 정력은 쇠하지 않을 것이다' 하고 생각하였건만. 사람들은 기대를 가지고 내 말을 듣고, 내 의견을 들으려고 잠잠히 기다렸다. 내가 말을 마치면, 다시 뒷말이 없고 내 말은 그들 위에 이슬처럼 젖어들었다. 사람들은 내 말을 기다리기를 단비를 기다리는듯 하고, 농부가 봄비를 기뻐하듯이 내 말을 받아들였다. 내가 미소를 지으면, 그들은 새로운 확신을 얻고, 내가 웃는 얼굴을 하면, 그들은 새로운 용기를 얻었다. 나는 마치 군대를 거느린 왕처럼, 슬퍼하는 사람을 위로해 주는 사람처럼, 사람들을 돌보고 그들이 갈 길을 정해주곤 하였건만."(욥29:18-25)

욥이 누렸던 행복의 최상의 조건은 인간관계에서 비롯된다. 그의 인간 관계론은 그의 행복론이었다. 욥은 룻기 *Ruth*에 등장하는 보아스Boaz처럼 신사 중의 신사였다. 인간은 회상의 동물이다. 그가 고통당하기 전에 받았던 복을 헤아려 보라. 과거의 회상은 우리를 기쁘게도 해주지만 슬프게도 한다. 잘나가던 시절보다는 고난을 당했던 그 시절이 잊혀 지지 않는다. 욥의 고백에 다시금 귀를 기울여 보라.

등불이 내 머리에 비추어 흑암 중에 걸을 수 있었다. 하나님의 우정이 내 장막위에 있었다. 버터가 내 발자취를 씻겨 줄 정도였다. 반석이 나를 위하여 기름시내를 이룰 정도로 흘러내렸다. 성문에 나아가 지도자들 가운데 합석하기도 하였다. 나를 본 소년들이 일어났으며 앉아 있던 노인들은 일어서기도 했다. 방백들은 말을 참으며 손으로 입을 가리었다. 귀인들은 소리를 금하며 그 혀가 입천장에 달라붙었다. 귀가 들은 즉 나를 위해 축복해 주고 눈이 본 즉 나를 위해 증거 해 주었다. 이렇게 은혜를 입고 살아 온 이유는 내가 울부짖는 빈민과 도와줄 자 없는 고아를 건져주었기 때문이다. 망하게 된 자도 나를 위해 복 빌어 주었다. 과부의 마음이 나로 인하여 기뻐 노래하였다. 정의로 옷을 삼아 입었다. 나의 공의는 도포와 면류관 같았다. 나는 시각장애인의 눈도 되어 주고 지체 부자유한 이의 발도 되어 주었다. 빈궁한 자의 아비가 되어 주었다. 알지 못하는 자의 소송을 대신해 주었다. 불의한 자의 어금니를 꺾고 그 이 사이에서 겁탈한 물건을 빼앗았다. 나는 내 보금자리에서 가족들이 보는 앞에서 임종하리라. 웰다잉Welldying의 진수를 보여주리라. 나의 날 수가 모래알 같이 많을 것이다. 내 뿌리는 물을 찾아 뻗어 나갔으며 나의 가지는 밤이 맞도록 이슬에 젖었다. 내 영광은 날로 새로워졌으며 나의 활은 날로 강하여 졌다. 많은 사람들에게 내 말은 이슬이 되었다. 비를 기다리듯이 많은 무리들이 나를 고대했다. 그들이 입을 벌리기를 늦은 비 기다리듯 하였다. 그들이 실망할 때, 용기를 주었으며 나의 얼굴빛이 무색하지 않도록 해 주었다. 지도자로서 왕처럼 살았으며 슬퍼하는 자를 위해 위로자로 살았다.

하나님의 가지인 욥은 언제나 하늘 이슬에 적셔 살아온 인물이다. 언제나 부족하지 아니하고 풍성하여 흡족한 인생을 살아왔다. 아래로는 그의 실뿌리가 물줄기를 찾아 생수를 발견한다. 부족함이 없는 영양가 있는 생수가 뿌리와 줄기를 타고 힘차게 솟아오른다. 가지가지마다 봉우리 봉우리마다 꽃과 꽃 사이에 수분을 공급해준다. 위로는 하늘에서 내리는 이슬이 밤이 맞도록 가지를 적셔준다. 뜨거운 햇살을 보듬어 안아서 아우르는 가지샘이 되어 갈증에 지친 나비나 개미, 새들에게도 식수를 공급해준다. 욥의 가지에는 사막의 오아시스처럼 모든 이들의 갈증을 덜어주었다. 밤이면 밤마다 이슬이 내려 "이슬연못"dewpond를 만들어 내곤 하였다.(욥29:19) 이 어찌 복의 복이 아닐 수 있으랴. "가지의 이슬"은 풍성하여라. 도중에 낙화의 피해도 입지 않았다. 아름다운 열매를 맺으리라.

이슬은 달콤하다. 이슬은 설득력이 있다. 이슬 속에 뼈가 있다. 이슬에 힘이 있다. 이슬에 권력이 있다. 이슬에 정의가 있다. 이슬에 위로가 있다. 이슬에 용기가 있다. 이슬에 희망이 있다. 이슬에 사랑이 있다. 이슬에 우정이 있다. 이슬에 믿음이 있다. 이슬에 신뢰가 있다. 이슬이 신실하다. 이슬에 자유가 있다. 이슬에 진리가 있다. 이슬에 생명이 있다.

욥은 대상관계론의 전문가였다. 욥의 가지와 옷에는 언

제나 이슬이 젖어 있었다. 욥의 입에서 나오는 모든 말들은 이슬방울이 되었다. 그랬다! 욥의 전 생애는 이슬론이었다. 그의 이슬론은 이웃을 위한 "줌의 가치"를 강조한다. 줌의 미학은 인간 관계성에서 피어나는 축복의 이슬에서 출발한다.

고난의 이슬을 축복의 이슬로 바꾸어 보라. 고통 중에도 "위로의 이슬"을 마셔보라. 그대의 남은 생애를 "하늘의 이슬"로 적셔보라. 그대가 원하는 이슬의 복과 축복은 무엇인가?

9

창조의 이슬 Dew of creation

비논리적인 말로 이치를 어둡게 하지마라. 이성과 논리로 논쟁해보자. 토론의 장을 마련해 보라. 주께서 폭풍이 몰아치는 가운데 욥에게 묻는다.(욥38:1) 어서 대답해보라.

눈을 쌓아둔 창고에 들어간 일이 있느냐?
우박창고를 들여다 본 일이 있느냐?
이것들은 내가 환란이 생겼을 때에 쓰려고 간직해 두었고
전쟁할 때에 쓰려고 준비해 두었다.
해가 뜨는 곳에 가 본적이 있느냐?
동풍이 불어오는 그 시발점에 가 본적이 있느냐?
쏟아진 폭우가 시내가 되어 흐르도록 개울을 낸 이가 누구냐?
천둥과 번개가 가는 길을 낸 이가 누구냐?
사람이 없는 땅, 인기척이 없는 광야에 비를 내리는 이가 누구

냐?

메마른 거친 땅을 적시며 굳은 땅에서 풀이 돋아나게 하는 이가 누구냐?

비에게 아버지가 있느냐?

누가 이슬방울을 낳기라도 하였느냐?

얼음은 어느 모태에서 나왔으며 하늘에서 내리는 서리는 누가 낳았느냐?

물을 돌 같이 굳게 얼리는 이, 바다의 수면도 얼게 하는 이가 누구냐?

하늘에는 곳간이 많다. 눈 곳간, 우박 곳간, 바람 곳간, 천둥 곳간, 번개 곳간, 비 곳간, 서리 곳간, 얼음 곳간, 이슬 곳간, ⋯⋯ 이 곳간들의 주인이 누구냐고 묻는다. 이 피조물의 주인이 누구냐고 묻는다. 묻는 이가 있으면, 대답하는 이가 있어야 한다. 응답은 희극이요, 무응답은 비극이다. 하나님의 질문에 어느 누가 대답할 것인가?

자연의 곳간은 생명의 곳간이다. 인간은 자연 곳간을 보호해야 한다. 생명의 곳간을 파괴하면 인간의 곳간도 망가지며 무너진다. 자연의 창고를 보존하라. 자연의 생태계는 하나님의 곳간이다. 함부로 뒤엎지 마라. 밭을 갈때, 개미집을 발견하면, 일단 멈춰서라. 손에 잡은 쟁기를 내려놓아라. 기경을 중단하고 개미에게 물어라.

언제, 이사 가시겠습니까?

이주의 날짜를 알아보라. 그들의 집을 안전하게 이동시키고 난 후, 밭을 갈아도 늦지 않다. 개발 논리의 지진으로 오늘도 개미들은 불안에 떨고 있다. 개미들의 곳간이 무너질 때, 인간의 곳간도 무너진다.

자연을 소재로 자연을 만들어 내는 곳간이 있다. 그것은 도자기 곳간이다. 토기장이가 토기를 만들어 내는 가마터의 인간 곳간이다. 그 속에는 마음 곳간이 있으며 영혼 곳간이 있다. 영혼 곳간에는 이슬방울이 있다. 이것이 고갈되면, 균형이 해체된다. 갈증을 느낀다. 이상이 온다. 이슬의 소생을 기도하라. 이슬의 창조를 새롭게 하라.

이슬이 이슬방울이 되기까지 그대는 어디에 있었느냐? 대장부처럼 허리를 묶고 대답해보라. 한 방울의 이슬은 하늘의 생명이다. 그대는 맑고 깨끗한 이슬방울이다. 그대의 이슬을 오염시키지 마라. 더럽히지 마라. 그것은 하나의 소우주이며 하나님의 처소이다.

이슬방울은 성령의 전이다. 이슬방울의 주인은 누구인가? 하나님은 스스로 고백한다. 그대의 주인이라고.

10

청춘의 이슬 Dew of Youth

'내가 네 원수를 네 발판이 되게 하기까지, 너는 내 오른 쪽에 앉아있으라' 하셨습니다. 주께서 임금님의 권능의 홀scepter을 시온에서 보내 주시니 임금님께서는 저 원수들을 통치하십시오. 임금님께서 거룩한 산에서 군대를 이끌고 전쟁터로 나가시는 날에 임금님의 백성이 즐거이 헌신하고 아침 동이 틀 때에 새벽이슬이 맺히듯이 젊은이들이 임금님께로 몰려들 것입니다. 주께서 맹세하시기를 '너는 멜기세덱을 따른 영원한 제사장이다' 하셨으니 변하지 않을 것입니다. (시110:1-4)

내가 너의 원수를 깔고 앉도록 해 주겠다. 시온에서 온 여호와께서 너에게 권력의 상징인 그의 홀을 건네줄 것이다. 원수를 다스리라. 새벽이슬처럼, 아침이슬처럼, 청춘의 이슬처럼. 날마다 새로워질 것이다.

하나님의 이슬을 먹고 살아 가는 이슬형 인간들은 그

부류가 있다. 유아형 이슬, 소년형 이슬, 청년형 이슬, 장년형 이슬, 노년형 이슬이다. 이들의 세대를 존중해주라.

마치 대나무의 마디와 같은 세대들을 인정해주라. 인생은 마디의 인생이다. 아직 덜 익은 마디라고 무시하지마라. 너무 익어 이제 꼬부라져 힘 못 쓰는 마디라고 무시하지 마라. 저마다 누리고 있는 세대를 품어 안으라. 심지어 세상의 빛을 보지 못한 모태안의 태아마디까지 말이다.

모태 이슬은 기성세대들의 이슬이 서로의 안부를 전하며 인사를 나눌 때, 태중의 아이는 기뻐 춤을 출 정도로 즐거워한다. 마리아Mary가 엘리사벳Elizabeth을 문안할 때 그랬다.(눅1:39-45) 이슬교육은 바로 모태이슬 교육이다. 보이지 않는다고 듣지 못할 거라고 함부로 말하지 마라. 하늘이 입을 벌리며 땅이 웃는다. 바다가 노래하며 땅이 운다. 밤이 노래하며 낮이 박자를 맞춘다. 그래서 모태이슬은 청년이슬로 성장한다.

이슬형 인간세대 중에 가장 아름다운 형은 청춘의 이슬이다. 푸르름의 이슬이요, 생기의 이슬이요, 원기의 이슬이요, 활기의 이슬이요, 자극의 이슬이요, 변화의 이슬이요, 개혁의 이슬이다. 추진력의 이슬이요, 그리고 발상전환이슬이다.

청춘의 이슬은 가장 박력 있고 무쇠도 소화시킬 정도로 강력한 힘의 이슬이다. 이들의 손에 든 펜의 힘은 지칠 줄 모른다. 독수리가 날개 치며 창공을 나는 비행의 이슬이다. 활강의 이슬이다. 허리케인과 맞서 싸울 수 있는 용기의 이슬이다.

새벽이슬은 젊음의 이슬이다. 용사의 이슬이다. 전사의 이슬이다. 용맹의 이슬이다. 결코 패배를 모르는 불굴의 이슬이다. 전선에서 패배할 줄 모르는 각개전투의 이슬이다.

새벽이슬은 우정의 이슬이다. 친구를 배신하지 않는 요나단Jonathan의 이슬과 같다. "다니지 않는 길에는 잡초가 무성하게 자란다"는 속담이 있다. 우정의 이슬은 잡초를 제거한다. 우정의 꽃과 열매를 맺게 한다.

새벽이슬은 제사장 살렘Salem의 왕, 멜기세덱Melchizedek의 이슬이다. 제사장은 하나님의 대리인이다. 성막의 주인이다. 성소의 관리인이다. 언약궤의 지킴이이다. 그 또한 변하지 않는다.

새벽이슬은 리더쉽의 이슬이다. 새벽이슬은 CEO의 이슬이다. 젊은 용사들이 몰려든다. 경영의 리더쉽으로 인간의 행복을 추구한다. 잘 먹게 한다. 잘 마시게 한다. 일 잘하는 달란트를 개발한다. 그래서 인생의 낙을 누리게 한다.

예수 또한 CEO였다. 그의 경영관리능력은 우주적이다. 지도자의 카리스마는 새벽이슬과 같다. 그의 리더쉽은 청춘의 이슬들을 끌어들인다. 젊음의 기를 흡수력과 흡인력으로 모아들인다. 로리 베스 존스Laurie Beth Jones의 *최고 경영자 예수Jesus CEO*에 의하면, 남성적이며 권위적인 힘과 권위의 상징인 알파 경영Alpha Management과 여성적이며 상호 보완적이며 협조적인 조화의 상징인 베타 경영Beta Management을 주장한다. 이 둘을 상호 연계시키며 시너지 효과를 극대화 시키는 통합의 상징인 오메가 경영Omrga Management은 리더인 CEO의 기본적인 덕목이다. 오메가 경영에는 자아 극복의 강점, 행동의 강점, 인간관계 형성의 강점이라는 세 가지 범주들이 독창적이며 핵심적인 전략이다. 이 범주에서 한 가지라도 실패하는 이슬방울이 있다면, 그 인생의 여정이 지극히 제한적일 수 있으며 실패할 수 있다.

새벽이슬과 같은 젊은 이슬 방물들이 모여 샘을 이루고 흘러넘쳐 역사의 시내를 형성한다. 시내는 다시 강이 되어 바다로 흐른다. 바다는 가장 낮은 곳에서 모든 실개천과 강을 품에 안아 아우른다. 복 있는 사람은 다윗의 청춘이슬처럼, 오메가 경영전략을 추구한다.

11

통곡의 이슬 Dew Of Wailing

길보아Gilboa의 산들아, 너희 위에는 이제부터 이슬이 내리지 아니하고 비도 내리지 아니할 것이다. 밭에서는 제물에 쓸 곡식도 거둘 수 없을 것이다. 길보아의 산에서, 용사들의 방패가 치욕을 당하였고 사울의 방패가 녹슨 채로 버려졌기 때문이다. 원수들을 치고 적들을 무찌를 때에 요나단의 활이 빗나간 일이 없고 사울의 칼이 허공을 친 적이 없었다. 사울과 요나단은 살아 있을 때에도 그렇게 서로 사랑하며 다정하더니 죽을 때에도 서로 떨어지지 않았구나. 독수리보다도 더 재빠르고 사자보다도 더 힘이 세더니! 이스라엘의 딸들아 너희에게 울긋불긋 화려한 옷을 입혀주고 너희 옷에 금장식을 달아 주던 사울을 애도하며 울어라! (삼하1:21-24)

전쟁이란 무엇인가? 기하급수적으로 늘어나는 세계 인구의 증가를 억제하는 여호와의 수단이요, 방법인가? 요엘Joel과 같은 매파들이 주장하는 전쟁옹호론은 과연 설득력이 있는 것인가? 비둘기파로서 이사야Isaiah, 미가 Micah, 호세아Hosea, 고라Gorah의 자손들과 같은 평화를 사랑하는 비둘기파는 어디에 있는가?

다윗이 사울Saul과 그의 아들 요나단Jonathan의 죽음을 슬퍼하여 조가를 지어 부른다. 그것을 "활노래"라 하여 유다 사람들에게 가르치라고 명령한다. 이 조가가 *야살의 책The Book of Jashar*에 기록되어 있다.

> 아, 용사들이 전쟁에서 쓸어졌구나!
> 요나단, 어쩌다가 산 위에서 죽었는가?
> 나의 형 요나단,
> 형 생각에 나의 마음이 아프오.
> 형이 나를 그렇게도 아껴 주더니,
> 나를 끔찍이 아껴 주던 형의 사랑은
> 여인의 사랑보다도 더 진한 것이었소.
> 어쩌다가 두 용사가 엎드러졌으며,
> 무기들이 버려져서 쓸모없이 되었는가?

이슬이 멈춘 산이 있다. 피와 살로 얼룩진 길보아 산들이다. 저 산에는 왜 이슬이 내리지 않는 것일까? 핏방울의 온도가 이슬의 온도를 집어 삼켰기 때문일까? 서로 물고 찢고 하는 상처의 현장 때문일까?

만약 이슬이 멈추면, 땅은 메마르고 갈라질 것이다. 먼지가 날린다. 황폐하여 새싹이 나지 않을 것이다. 역사의 흐름도 중단된다. 영웅과 인걸은 찾아 볼 수 없다. 피비린내 나는 살육의 현장에는 이슬도 피해간다. 그 곳에선 이슬방울도 구르지 않는다.

사울 왕과 그의 세 아들, 요나단, 리스위Ishyo, 말기수아Malchishua가 전쟁터에서 이슬처럼 사라졌다. 한 가정의 네 남자들이 전쟁터에서 모두 사망한다. 창과 칼과 방패, 활과 화살이 있는 곳에는 결코 하늘의 이슬은 내리지 않는다. 전쟁의 북소리와 나팔 소리, 말발굽 소리가 들리는 산과 들에는 새벽이슬은 간데없다. 죽음의 동산에는 아침이슬도 아침햇살도 죽는다. 황무지의 벌판만이 외로이 서 있을 뿐이다.

통곡의 이슬이 내리는 곳, 그 곳이 바로 주검의 현장이다. 애통의 이슬이 내리는 곳, 그 곳엔 기쁨이 없다. 어느 누가 주검의 이슬을 위로해 줄 수 있을까? 다윗의 이슬은 통곡의 이슬이다.

12

영생의 이슬 Dew of Eternal Life

아름다운 이슬산이 있다. 사시사철 눈과 함께 어우렁더
우렁 살아간다. 그 이슬산의 정기는 공존과 공생, 동거함
과 상생의 미학이다. 바로 헤르몬 산Mount Hermon이다.
그 산에 올라보라. 그곳에서 하나님은 영생의 복을 선포
하신다. 히브리의 현대 시인 라이첼은 이렇게 노래한다.

헤르몬은 골란고원 언덕 위에 자리한
그대의 손을 뻗어 한번 그 산을 만져보아라.
건장한 침묵
헤르몬의 고요함이 화려한 고독 속에
멈춤을 요구한다.
신선한 바람이 백색의 정상으로부터
불어온다.

해발 2814미터, 헤르몬 산을 만져 보라. 산의 촉감을 느껴보라. 무엇을 느끼게 되는가? 그 대의 손끝에 촉촉한 그 무엇이 닿을 것이다. 다름 아닌 이슬이다. 자연적인 이슬을 만져 본 순간, 그대는 복의 촉감을 느낄 것이다.

눈 덮인 정상에서 녹아내리는 물줄기가 사막과 계곡을 가로지른다. 그리고 그 끝은 요단강을 먹여 살린다. 무엇이 그렇게도 아름답다하는가? 헤르몬 산 정상에 눈 덮인 설경이다. 헤르몬의 백설은 이슬의 친척이다. 이슬의 형제요 누이이다. 태어난 모양은 다르지만 하나로 동거하는 모습이 아들의 등에 업힌 백발의 어머니 모습이다.

그대는 헤르몬 산에 올라 보았는가? 시편 글쓴이는 89편 12절에서 "당신은 남과 북을 창조하셨습니다. 다볼Tabor과 헤르몬Hermon이 당신의 이름 때문에 기뻐 노래합니다." 산들도 여호와를 찬양한다. 자연도 야웨Yahweh 하나님을 인정한다. 자연은 인간의 스승이다. 인간은 자연의 일부이다. 자연의 스승이 창조주를 인식하며 노래하듯이, 어찌 우리 주의 이름을 찬양하지 않을소냐!

"형제가 연합하여 동거함이 어찌 그리 선하고 아름다운고. 머리에 있는 보배로운 기름이 수염 곧 아론의 수염에 흘러서 그 옷깃까지 내림 같고 헤르몬의 이슬이 시온의 산들에 내림 같도다. 거기서 여호와께서 복을 명하셨

나니 곧 영생이로다."(시133:1-3)

헤르몬 산의 이슬은 특별한 이슬이다. 그 이슬은 생기와 생명의 복이다. 장수의 복이다. 영생의 축복이다. 형제와 자매들이 서로 이해하며 돕고 사랑하며 평화롭게 살아가는 연합과 연정의 복이다. 형제간에 선하고 아름다운 우애와 애정의 복이다. 헤르몬의 이슬은 보배로운 사랑의 기름으로 변한다. 그리고 항상 차고 넘친다.

크고 작은 산들이여!

이슬을 먹고 살라. 하나님의 이슬인 영생의 이슬을 마시지 않겠는가! 헤르몬 산에 올라 새벽이슬을 마시고 오라! 야웨 하나님의 이슬은 영생의 이슬이다.

13

지혜의 이슬 Dew of Wisdom

지혜의 길은 즐거운 길이요, 그 모든 길에는 평안이 있다. 지혜
는 그것을 얻는 사람에게는 생명의 나무이다. 그것을 붙드는 사람은
복이 있다. 주님은 지혜로 땅의 기초를 놓으셨고 명철로 하늘을 펼
쳐 놓으셨다. 그분은 지식으로 깊은 물줄기를 터트리시고 구름에서
이슬을 내리게 하신다. (잠3:17-20)

지식Knowledge은 과거이다. 그러나 지혜Wisdom는 미
래이다. 성공에 이르는 본질적인 6가지 핵심-성실, 통합,
겸손, 예의, 지혜, 사랑-속에도 지혜가 포함된다. 지식의
획득은 실용적이며 유용한 적용만을 보장해 준다. 그러나
지혜는 적절한 지식의 성숙한 통합을 추구하며 지향한다.
지혜는 본질의 항아리에서 비본질적인 것들을 걸러낼 수
있는 필터링의 기능이다.

우리는 성공을 통하여 그 알량한 지혜를 얻는다. 선 Goodness만으로는 결코 충분하지 않다. 힘겹고 냉혹한 냉철한 지혜가 요청된다. 선은 선을 성취할 수 있기 때문이다. 지혜가 없는 선은 악Evil을 싹트게 한다.

본회퍼Dietrich Bonhoeffer에 의하면, "현실이해는 외적인 사건을 이해하는 것과 동일하지 않다"는 것이다. 그것은 사물의 본질적인 특성을 인식하는 것이다. 가장 좋은 정보를 소유한 사람이 반드시 가장 현명한 사람은 아니다. 가장 본질적인 것을 상실한 지식 속에는 위험한 요소가 들어 있다. 반면에 사소한 지식의 정보라 할지라도 사물의 깊이를 통찰할 수 있는 요소가 내포되어 있다. 따라서 현자란 사건에 대한 가장 가능한 지식을 추구하는 것이다. 그러나 항상 그 지식에만 의존하지 않는다. 실제적인 사건의 의미를 인정하는 것이 지혜이다.

칸트Immanuel Kant에 의하면, "과학은 조직된 지식이며, 지혜는 조직된 삶이다"라고 주장한다. 마크 트웨인 Mark Twain에 의하면, "지혜의 완성과 철학의 목적은 소유에 대한 인간의 욕망과 능력에 대한 인간의 포부에 대한 비율이다. 이 비율이 적절할 때, 비로소 우리는 행복해질 것이며 덕스러운 인간이 될 것이다"라고 말한다. 자신의 지혜를 과신하는 것은 현명하지 못하다. 강자라 하더라도 약자가 될 수 있다. 현자라 하더라도 실수할 수 있다. 따라서 패러독스Paradox 그 자체는 지혜가 될 수 있다.

지혜의 시작은 의심Doubt에서 비롯된다. "의심의 신학"으로 진리에 이를 수 있다. 지혜란 의심의 기대들이 생성시킨 결과물이다. 진리의 기능은 선과 악을 구별하는 것이다. 인생이란 실제적이며 유일한 카운셀러이다. 선악이 걸러지지 않은 지혜란 윤리 도덕의 일부일 뿐이다.

헨리 데이비드 소로우Henry David Thoreau에 의하면, "지혜의 특징은 절망적인 일을 하지 않는 것이다." 악의 모양이라도 버리는 것 자체가 지혜이다. 5살 어린이가 "이것"을 알고 있다면, 알고 있는 5살 어린이를 데려오라고 누군가를 보내는 것이 현명하다.

지혜는 행복의 최고 영역이다. 이슬의 지혜를 배우라. 그리고 주목해보라. 왜냐하면 이슬은 인생의 가장 이상적인 메타포이기 때문이다. 이슬이 태어나는 과정 속에 인간 실존의 진실과 리얼리티가 존재한다. 어제의 이슬은 단지 하나의 꿈일 뿐이다. 그리고 내일의 이슬은 단지 하나의 비전일 뿐이다. 그러나 오늘의 이슬은 모든 어제를 행복의 꿈으로 만든다. 모든 내일을 희망의 비전으로 만든다. 그러므로 오늘의 이슬을 마셔라. 오늘의 이슬은 그리스도의 이슬이다. 그리스도의 진리이며 말씀이다.

골고다 언덕에 내린 이슬을 보라. 그 곳에서 "쓰리고"*SFS*의 지혜-"보고"*Seeing*, "느끼고"*Feeling*, "함께 하고"*Sharing*-를 얻을 수 있다.

오늘, 주님의 새벽이슬이 사라지는 순간, 그대에게 요청하는 지혜는 무엇인가?

14

은총의 이슬 Dew of Grace

왕의 분노는 사자가 소리 지르는 것 같고 그의 은혜는 풀 위에
내리는 이슬과 같다. (잠19:12)

셰익스피어Shakespeare는 *맥베쓰Macbeth*에서, "인생은
아무 뜻 없이 그저 음향과 분노로써 가득한 바보이야기"
라고 고백한다. 포크너Faulkner는 *음향과 분노The Sound
and the Fury*에서 아우성치며 무너져 가는 비극적인 세
계를 "음향과 분노"라고 표현한다.

구약은 분노anger의 행진곡이다. 구약은 분노의 소리가
넘쳐흐른다. 아마도 정의justice의 목소리가 유달리 크게
확대되었기 때문이다. 그러나 신약은 분노의 소야곡이다.
신약은 분노의 소리가 거의 들리지 않는다. 정의 보다는

사랑과 은혜의 강물이 도도하게 흐른다.

성경에는 "분노"의 어휘가 많이 등장한다. 우리말 표현에는 "분기"라고도 표현하고 있다. 분노의 최고조는 불행과 비극을 불러일으킨다. 분노는 인간의 분노만이 있는 것이 아니다.

여호와는 매일 분노하신다.(시7:11)

여호와의 분노는 극렬하다.(수7:26)

여호와의 분노와 질투는 인간의 것과 차원이 다르다. (신29:20)

분노의 병기는 누가 만드는가?(렘50:25)

분노의 불은 어디를 향하고 있는가?(겔22;21)

여호와의 분노의 날은 언제인가?(습1;15)

왜, 여호와께서 분노하시는가? 천사가 포도밭의 포도를 수확하여 하나님의 분노의 거대한 포도즙을 내는 틀에 던져버린다.(출4:19) 순종하지 않기 때문이다. 불순종은 야웨 하나님의 분노를 야기시킨다.

분노란 무엇인가? 분노는 마음속의 가시이다. 광기이다. 화염기둥이다. 허리케인이다. 분노는 자신의 침대를 가시 많은 쐐기풀로 만들었다. 분노는 자신의 고기가 되었다. 영혼을 삼키는 독이다.

분노의 주체가 되어 본적이 있는가? 분노의 객체가 되어 본 적이 있는가? 무엇 때문에 분노하는가? 정의가 실현되지 않기 때문이다. 정의와 평화, 진리와 자유의 관계성이 파괴될 때, 발생한다. 의로운 분노야말로 세상의 빛이요, 소금이 되게 한다. 그럼에도 불구하고 분노의 대상은 마음 속 깊은 곳에 원한이 스며든다.

분노는 미련한 자를 죽인다.(욥5:2) 분노는 칼을 초청한다.(욥19:29) 분노는 투기를 불러일으킨다.(잠6:34) 분노는 미련한 사람들의 표정이다.(잠12:16) 분노는 생명을 단축시킨다. 분노의 치료제는 체념이다. 바보처럼, 분노의 대상 앞에서 조용히 물러나는 지혜가 필요하다.

누가 분노의 잔을 마시는가?(사51:17) 분노의 목적은 보응이다.(겔24:8) 분노의 고향은 저주이다.(창49:7) 분노의 보관소는 입술이다.(사30:27) 유순한 대답은 분노를 쉽게 한다.(잠15:1) 분노에서 떨어져라. 분노와 이혼하라. 분노의 적은 바로 그대 자신이다.

은총이란 무엇인가? 은총을 베푼 적이 있는가? 은총을 입은 적이 있는가? 혹시 그대는 자신을 풀grass이라고 생각하는가? 풀 위의 이슬을 맛본 적이 있는가?

"은총"과 "은혜"는 동의어이다. 두 단어의 차이점은 없다. 그러나 영어에서 그 표현은 다양하다. "favor, grace, benefit"를 비롯하여 "신세"를 의미하는 "indebtedness"도 등장한다.

은총의 강물이 구약과 신약, 공동으로 흐르는 모습을 볼 수 있다. "노아는 여호와께 은총를 입었더라."(창6:8)에서 "은총와 평강이 너희에게 있기를 간구하노라."(계 1:5)에 이르기까지 하나님의 은총이 온 우주에 가득 차 있다.

하나님은 분노의 저울 보다는 은혜의 저울을 좋아하신 다. 분노의 포도보다는 은혜의 포도를 더 원하신다. 그래서 믿음의 저울이 하나님의 손에 들려 있는 성도들은 행복하다. 바울은 '은혜의 사도'라고 할 만큼 "은혜"라는 어휘를 누구보다도 많이 사용하고 있다.

'"죄가 많은 곳에 은혜가 더욱 넘치게 되었습니다. 죽음으로 죄는 사람을 지배한 것같이 의로 은혜가 사람을 지배하면서 우리 주 예수 그리스도 안에서 영원한 생명을 누리게 하려는 것입니다."(롬5:20-21)

인간은 죄 때문에 죽는다. 그러나 하나님의 은총 때문에 영생을 얻는다. 인간은 들의 풀과 같다. 이 세상의 모든 풀들은 이슬을 먹고 살아간다. 은혜의 이슬로 심장의 분노를 잠재우라. *분노의 포도*에서, 마지막 장면은 성경의 그 어떠한 사건 못지않게 아름답다. 굶어 죽어가는 노숙자, 노동자에게 자신의 가슴을 열어 제치고 젖꼭지를 물리는 여인의 이타주의는 원망과 분노로 얼룩진 마음을 달래 준다.

몸과 마음, 영혼의 갈증을 채워주라. 그러면 은혜의 바다가 보일 것이다.

15

연애의 이슬 Dew of Amour

나는 자고 있었지만, 나의 마음은 깨어 있었다. 저 소리, 나의 사랑하는 이가 문을 두드리는 소리, "문 열어요! 나의 누이, 나의 사랑, 티 없이 맑은 나의 비둘기! 나의 완벽한 자여! 머리가 온통 이슬에 젖고, 머리채가 밤이슬에 흠뻑 젖었소. (아5:2)

잠잔다. 수면은 의식의 중단이다. 그러나 무의식은 살아있다. 성경은 잠을 죽음으로 묘사한다. 생리적인 현상의 수면은 죽음과 같다. 아담이 깊은 잠에 빠져 있을 때, 하나님은 그의 갈비뼈를 뽑아낸다. 물리적인 고통이 아마없었을 것이다.

"무의식이 언어처럼 구조화되어 있다"고 라깡Jaques Lacan은 말한다. 무의식이 말을 한다. "나의 마음은 깨어 있었다." 그렇다. 인간의 무의식은 마치 영혼과 같아서 깨어있다. 무의식의 각성은 바로 영혼의 각성이다. 등불을 손에 들고 신랑이 오기만을 기다리는 열 처녀들은 모두가 졸다가 잠이 들었다.(마25:1-13) 자고 싶어서 잠을 자는 것은 아니다. 피할 수 없는 잠은 하나님의 은혜이다. 한 밤 중에 외치는 소리가 들려온다. 육신의 청각을 통하여 영혼의 청각으로 전달된다.

밤이슬을 다 맞도록 문이 열리기를 기다리는 님의 심정은 어떠했을까? 연애의 미학은 기다림이다. 새벽이슬만이 그 의미를 알아줄 것이다.

"두드려라, 열릴 것이다."(마7:7)

주님은 노크하신다. 깊은 잠에 빠진 사랑하는 애인의 침실을 노크한다. 영혼의 깊은 잠에서 깨어나지 못하고 있는 우리들의 마음의 문을, 영혼의 문을 노크하신다.

얼마나 보고 싶었으면 밤이슬을 마다하지 않는 것일까? 멍청하기도 하지. 처마 밑으로 들어가 잠시 밤이슬을 피할 수는 없었던 것일까?

팔레스타인에서는 이슬이 비처럼 흠뻑 적실 정도로 많이 내리지 않는다. 이슬이 내리는 그 기간이 채 몇 달이다. 나라 일을 돌보느라 너무 바빴던 솔로몬은 꿈속에서 술람미Shulammite 처녀를 만난다. 침실을 찾아가 사랑을 요구한다. 술람미 처녀는 꿈속에서 자신이 시골집으로 돌아가 살고 있다고 상상하는지도 모른다. 최소한 이렇게 생각하면 이슬이라든가 창문이 열린다는 시인의 설정을 쉽게 설명할 수 있다. 그러나 꿈이란 아주 미묘한 것이다. 그런 사실들에 너무 큰 의미를 부여할 필요는 없다. 아무튼 술람미 처녀가 꿈꾸는 동안 다시 예루살렘 거리의 장면으로 바뀐다. 물론 현실에서는 이런 일이 일어날 수 없다.

"우리 친구 나사로가 잠들었다. 내가 가서 그를 깨우겠다."(요11:11) 제자들은 예수의 말씀을 오해한다. "주님, 그가 잠들었으면, 일어날 것입니다." 예수의 잠은 곧 죽음이다. 몸은 비록 죽어 있으나 그의 영혼은 잠들어 있다. 무덤 속에 있던 나사로가 그랬다. 동굴 속에 갇혀 있는 나사로의 영혼을 깨우러 가자. 그에게 하늘의 이슬을 맛보게 하자. 그러면 몸까지 소생할 것이다. 나사로의 소생은 영육의 소생이었다. 주님은 바로 하늘의 이슬이었다. 이슬의 기적은 바로 잠든 사람들의 첫 열매가 되는 복중의 복이었다.(고전15:20)

"깨어보니 내 잠이 달콤했더라."(렘31:26)

"잠에서 깨어나 눈을 떠보니 나에게 아주 단잠 이었다"라고 고백하는 사람은 행복하다. 필자의 "수면신학"Sleeping Theology에서, '잠자는 동안에는 인간은 죄를 범하지 않는다'고 주장한다. 수면 중에는 범범 행위를 그나마 할 수 없기 때문이다. 우리 인간은 잠을 많이 자는 것이 좋다. 방황이 끝났다. 이제는 정착이다. 소떼들도 몰려든다. 새 힘이 솟는다. 허기진 공복에 포만감을 느낀다. 주님의 복은 달콤한 잠이다.

불면증은 괴롭다. 주님의 복이 아니다. 어둠을 내려놓아라. 밤의 달과 별들을 내려놓아라. 불안하고 초조한 마음을 내려놓아라. 수면제를 내려놓고 주님의 새벽이슬을 기다리라.

16

부활의 이슬 Dew of Resurrection

주의 백성들 가운데서 죽은 사람들이 다시 살아날 것이며, 그들
의 시체가 다시 일어날 것입니다. 무덤 속에서 잠자던 사람들이 깨
어나서 즐겁게 소리칠 것입니다. 주님의 이슬은 생기를 불어 넣는
이슬이므로 이슬을 머금은 땅이 오래 전에 죽은 사람들을 다시 내
놓을 것입니다. 땅이 죽은 자들을 다시 내놓을 것입니다. (사
26:19)

야웨의 종교는 생기의 종교다. 부활과 생명의 종교다.
잠자던 사람들이 깨어나는 종교다. 기쁨의 환호성을 울리
는 감동의 종교다.

기독교는 갈림길의 종교다. "선한 일을 행하는 사람은
생명의 부활로, 악한 일을 행하는 사람은 심판의 부활이
다가온다."(요5:29) 부활은 이분법이다. 선택 앞에서 머뭇

거리지 않는다. 단호한 결단만이 남아있다.

부활의 청량제는 이슬이다. 비타민이다. 회복제이다. 진통제이다. 이슬은 세상의 고통을 잊게 해주는 마취제이다. 이슬은 온 몸을 휘감아 흐르는 혈액이다. 이슬은 **뼈**의 중심을 타고 흐르는 골수이다. 이슬은 차디 찬 땅 속을 따스하게 해주는 솜이불이다. 이슬은 의로운 태양처럼, "치료하는 광선"(말4:2)으로 빛이 난다. 이슬은 "여호와 라파,"(출15:16) "치료하는 하나님"의 처방전이요, 특효약이다. 이슬은 **"항기쉬기범감탕"**이다.(살전5:16-18) 이 탕제로 암을 극복할 수 있다.

당신의 이슬은 땅을 회복시키는 이슬이다.

당신의 이슬은 안식년의 이슬이다.

당신의 이슬은 빛의 이슬이다.

당신의 이슬은 소금의 이슬이다.

당신의 이슬은 생기의 이슬이다.

당신의 이슬은 소생의 이슬이다.

당신의 이슬은 생명의 이슬이다.

당신의 이슬은 마른 **뼈**를 듣게 하는 이슬이다.

당신의 이슬은 힘줄을 입히는 이슬이다.

당신의 이슬은 살을 입히는 이슬이다.

당신의 이슬은 가죽으로 덮어주는 이슬이다.

당신의 이슬은 죽은 세포를 살리는 자극의 이슬이다.

당신의 이슬은 무덤에서 죽은 자를 나오게 하는 이슬
이다.

당신의 이슬은 젖과 꿀이 흐르는 가나안 복지를 향하
게 하는 이슬이다.

당신의 이슬은 영생을 주는 이슬이다.

당신의 이슬은 수치와 경멸이 무엇인지 알게 해 주는
이슬이다.

당신의 이슬은 여호와가 여호와이신 것을 알게 하는
이슬이다.

당신의 이슬은 에스겔의 이슬이다.

당신의 이슬은 다니엘의 이슬이다.

당신의 이슬은 언약의 이슬이다.

땅도 지쳐있다. 온갖 화학비료나 병충해 약품으로 찌들
어 있다. 황폐화되어간다. 처방이 필요하다. *이사야서*의
글쓴이는 땅에 관심이 많다. "이슬을 머금은 땅"은 생명
을 살리는 부활의 촉진제이다. 땅은 흙이요, 흙은 "소마"
다. 소마는 몸이요, 몸은 흙이다. 흙은 흙으로 살아가야
한다. 흙 속에 수분이 필요하다. 수분이 없으면, 씨앗이

발아하지 않는다. 이사야가 언급하는 흙 속의 보배는 이슬이다.

만약 인간의 몸속에서, "하늘의 이슬"이 흐르지 않는다면, 어떻게 될까?

17

그루터기의 이슬 Dew of Stump

> 하늘에서 한 거룩한 메신저가 내려오더니 소리를 지른다. 그 나
> 무를 베고 그 가지를 찍고 그 잎사귀를 떨어트리고 그 열매를 해치
> 고 짐승들도 그 나무아래서 떠나가게 하고 새들을 그 가지에서 쫓
> 아내라. 그러나 그 나무뿌리의 그루터기는 땅에 남겨 두어라. 그 그
> 루터기는 철과 놋줄로 동이고 들 청초가 그 가운데 있게 하라. 하늘
> 이슬에 젖게 하고 땅의 풀 가운데서 짐승으로 더불어 살게 하라.
> (단4:10-15)

땅의 중앙에 키가 높은 나무가 있었다. 그 나무가 자라
서 튼튼해지고 높이는 하늘을 닿았다. 마치 백향목처럼,
얼마나 높은지 땅 끝에서도 볼 수 있을 정도였다. 그 잎
사귀는 아름다웠으며 그 열매는 풍성하여 만인의 식물이
되었다. 들짐승들이 그 나무의 그늘 속에서 살아가며 공
중의 나는 새들은 그 가지에 둥지를 틀었다. 세상의 모든

사람들이 그 나무에서 양식을 얻었다. 그 나무는 진정한 참 나무였다. 그러나 경고의 메시지가 들려온다.

"공의를 행하셔서 임금님의 죄를 속하시고 가난한 백성에게 자비를 베푸셔서 죄를 속하시기 바랍니다. 그렇게 하시면 임금님의 영화가 지속되실 것입니다."

바벨론의 느브갓네살Nebuchadnezzar 왕의 꿈 이야기이다. 다니엘Daniel은 꿈의 해몽과 더불어 다음과 같은 조언을 해준다.

-공의를 베풀라.

-죄를 회개하라.

-가난한 이들을 보살피라.

느브갓네살은 꿈속에서 들려 준 경고의 메시지를 무시한다. 그 결과 고통이 문지방을 넘어 들어온다. 1년이 지난 어느 날 그가 왕궁을 거닐면서 바벨론의 도성을 내려다보며 혼자 중얼거린다.

"나의 권세와 능력과 영화와 위엄이 그대로 나타나 있지 않느냐!"

그의 자부심과 자존심은 하나님의 메시지를 무시할 정도로 그의 자부심과 자존심은 하늘을 치솟는다. 그의 말이 채 끝나기도 전에, 하늘의 소리가 들려온다.

"짐승의 본성으로 7년을 살게 하라."

하늘의 소리가 끝나는 순간, 느브갓네살은 사람 사는 세상에서 쫓겨나서 소처럼 풀을 뜯어 먹는다. 몸은 하늘에서 내리는 이슬에 젖었고 머리카락은 독수리의 깃털처럼 자랐으며 손톱은 새의 발톱같이 자랐다.

보이지 않던 나이테가 하늘을 향하면, 비극이 탄생한다. 줄기가 잘려 나간 "그루터기"의 신세로 살아가야 하기 때문이다. 나무의 그루터기는 희망이 더디 온다. 척추 줄기가 잘려져 나갔다. 상처 입은 그루터기에 하늘의 찬 이슬이 내린다. 나이테가 밤이슬에 젖어 한기를 느낀다.

하나님은 자신을 알지 못하는 이방인의 왕에게도 자신의 신탁을 들려주신다. 그에게 믿음의 멘토를 보내주신다. 그래서 느브갓네살은 행복하다. 교만의 이슬이 겸손의 이슬로 바뀌었다. 느브갓네살은 고백한다.

"하나님께서 하시는 일은 모두 참되며, 그의 모든 길은 공의로우시니, 그는 교만한 이를 낮추신다."

"만약 인생이 나무라면, 꽃내음을 맡아보고 그 뿌리를 캐보자"라고 멈포드Lewis Mumford는 제안한다. 인생은 나무요, 인생은 이슬이다. 올리브 나무의 이슬에는 올리브 기름이, 무화과나무의 이슬에는 달콤한 과일이, 포도나무의 이슬에는 맛좋은 포도주가, 백향목의 이슬에는 해충을 막아주는 향기가, 가시나무의 이슬은 피를 흘리게 하는 가시와 모든 것을 사라지게 만드는 불의 열매를 맺게 한다.

뽕나무는 키가 작은 삭개오Zacchaeus의 이슬이 맺혀있다. 키가 작다고 서러워 마라. 삭개오와 같은 작은 거인이 있지 않는가! 뽕나무에 걸터앉은 이슬은 교만의 이슬이었다. 하나님은 겸손의 이슬을 원하신다. 삭개오의 이슬이 떼르르 굴러 땅으로 떨어진다. 삭개오의 땅이 옥토로 바뀌어졌다. 베품의 옥토요, 분배의 옥토요, 자선의 옥토요, 사랑의 옥토로 변하고 말았다. 삭개오의 이슬이 선을 위하여 햇살에 사라진다.

18

찰나의 이슬 Dew of Moment

에브라임Ephraim아, 내가 너를 어떻게 하면 좋겠느냐? 유다야, 내가 너를 어떻게 하면 좋겠느냐? 나를 사랑하는 너희의 마음은 아침 안개와 같고, 덧없이 사라지는 이슬과 같구나. 그래서 내가 예언자들을 보내어 너희를 산산 조각나게 하였으며, 나의 입에서 나오는 말로 너희를 죽였고, 나의 심판이 너희 위에서 번개처럼 빛났다. 내가 바라는 것은 변함없는 사랑이지 제사가 아니다. 불살라 바치는 제사보다는 너희가 나 하나님을 알기를 더 바란다. (호6:4-6)

이슬은 순간의 미학을 연출한다. 이슬은 찰나의 촌음으로 살아간다. 이슬은 하루살이의 인생이다. 덧없이 사라지는 순간의 인생이다.

이슬의 아침은 밤부터 시작된다. 이슬의 저녁은 아침이 된다. 이슬의 태생은 어둠에서부터 시작된다. 창세기의 글쓴이가 고백하고 있는 것처럼, 밤이 되어 낮이 되니 첫째 날이라.(창1:5) 이슬의 시간관은 매우 성경적이다.

찰나의 인생을 어떻게 살아가야 하나? 우리가 여호와께로 돌아가자. 그분은 우리에게 상처를 주셨지만 다시 치료해 주시고 싸매 주실 것이다. 우리를 살리시며 일으키시니 우리는 그 앞에서 살 수 있을 것이다. 우리가 여호와를 알자. 힘써 여호와를 알자. 그 분이 나오심은 새벽 빛 같이 일정하며 땅을 적시는 이른 비와 늦은 비와 같다.

어떻게 해주길 바라는가? 너희의 사랑이 아침구름처럼, 쉬 없어지는 이슬처럼 사라지는구나. 하나님의 심판은 발하는 빛과 같다. 하나님은 사랑과 자비를 원하신다. 그 분은 제사를 원치 않으신다. 그 분은 번제를 원치 않으신다. 그 분은 철저하게 자신을 알아주기를 원하신다.

인간의 역사는 인정받기 위한 투쟁의 역사다. 하나님의 역사도 마찬가지로 인정받고 싶어 하시는 질투의 역사다. 그리스도는 궁금하여 묻는다. "사람들이 인자를 누구라고 하느냐?" 세례 요한John the Baptist, 엘리야Elijah, 예레미야Jeremiah, 그리고 다른 예언자들이라는 평가를 듣는다. 그리스도는 자신의 정체성을 알아주지 못하는 제자들에게 섭섭했을 것이다. 그러나 베드로처럼, 섭섭하지 않도록 하나님을 인정해 드려라. "선생님은 살아계신 하나

님의 아들이요, 그리스도이십니다." 이 말한 마디에 예수
는 흥분했다. 그래서 마음속에 없는 복까지 끌어다가 퍼
부어 준다. "시몬 바요나야, 너는 복이 있다. 이 반석 위
에 교회를 세우겠다. 죽음도 극복하게 해주겠다. 하늘의
열쇠를 너에게 넘겨주겠다."(마16:13-19)

하나님을 인정해드리는 가장 좋은 방법은 사랑이다. 제
사도 아니다. 번제도 아니다. 형식적인 예배도 아니다.
"예배가 영혼을 죽인다"라고 융Karl Gustav Jung이 주장
하고 있듯이, 판에 박힌 예배와 천편일률적인 기도는 오
히려 영혼에 상처를 준다. 영혼을 좀먹게 하는 코로나-19
와 같은 바이러스이다.

하나님을 고백하는 진실한 기도는 사랑이다. 위로는 하
나님을 아래로는 이웃을 내 몸처럼, 아끼며 돌보는 것이
다. 사랑이란 위니캇Winnicott이 언급하고 있는 것처럼,
"보듬어 안아서 아우르는 환경"Holding Environment을
만들어 가야한다.

인간의 이슬은 형식적인 예배를 좋아한다. 거기서 만족
하며 끝이 난다. 사랑의 나무가 자랄 틈이 없다. 사랑과
아무런 연관성이 없다. 그러나 하나님의 이슬은 사랑의
이슬로 베풀기를 원하신다.

사랑의 가치는 줌의 가치다. 희생의 가치다. 손해의 가

치요, 불편함의 가치다. 발품의 가치요, 손품의 가치다. 땀방울의 가치요 눈물의 가치다. 사랑은 쉽지 않다. 사랑은 고통이다. 사랑은 고난이다. 사랑은 피의 가치다. 사랑의 완성은 골고다의 언덕이었다. 하나님을 아는 지식은 십자가에서 완성된다.

사랑은 십자가의 밤이슬이다. 찰나의 이슬이 아니라, "영원한 현재"의 이슬이요, '영원한 순간'의 이슬이다.

19

우상의 이슬 Dew of Idol

에브라임이 말만하면, 모두 떨었다. 온 이스라엘이 그렇게 우러러 보았는데, 바알신을 섬겨 죄를 짓고 말았으므로 이제 망하고 말았다. 그런데도 그들은 거듭 죄를 짓고 있다. 은을 녹여 거푸집에 부어서 우상을 만든다. 재주껏 만든 은 신상들, 그것들은 모두 세공업자들이 만든 것인데도 그들은 이 신상 앞에 제물을 바치라고 하면서 송아지 신상들에게 입을 맞춘다. 그러므로 그들은 아침 안개처럼 되고 이른 새벽에 사라지는 이슬처럼 될 것이다. 타작 마당에서 바람에 날려가는 쭉정이처럼 되고 굴뚝에서 나오는 연기처럼 될 것이다. (호13:1-3)

내 손으로 만든 물건에 의미를 부여하지마라. 인간의 손으로 만든 것이 우상이 된다면, 송아지의 우상에 입을 맞추는 격이다. 인격이나 품격品格이 아닌 물격物格이 된다. 하나님이 가장 싫어하시는 것은 바로 피조물을 숭배하는 것이다. 우상을 숭배하는 자들의 종말은 아침안개요, 쉽게 사라지는 이슬이요, 바람에 날리는 쭉정이요, 굴뚝에서 나오는 연기와 같다. 이 모든 비유들은 흔적 없이 사라지는 것들이다. 거룩한 처소에 잘 박힌 못처럼, 믿음의 흔적을 남겨야 한다. 흔들리지 말아라. 설령 그 못이 빠진다할지라도 영원히 지워지지 않는 믿음의 흔적이 남아 있다.

'우상의 이슬'은 하나님의 진노이며 심판의 대상이다. 하나님의 분노를 잠재우라. 우상에서 떠나라. 하나님 이외에 구원자가 없다. 인간의 어리석음은 바로 하나님을 인정하지 아니하고 자유의지와 이성을 의지하는 것이다.

눈에 보이는 가시적인 우상도 문제이지만 더 큰 문제는 눈에 보이지 않는 비가시적인 마음과 정신의 오류이다. 우상을 만드는 인간의 "의도적 오류"를 하나님은 기뻐하지 않으실 것이다. 실존적 불안 앞에서, 인간은 마치 물에 빠진 사람이 지푸라기라도 잡는 것처럼, 필사적으로 매달릴 것이다. 이러한 "의도적 오류"는 의식의 결함은 물론 믿음에 상처를 가져다준다.

베이컨Francis Bacon은 4가지 우상을 말한다. 그것은 시장의 우상, 동굴의 우상, 종족의 우상, 극장의 우상이다. 우상을 섬기는 것은 마음의 오류이며 정신적인 오류,

의식의 결핍을 지적한다.

　첫째, 종족의 우상이다. 혈통과 족보를 중시한다. 고정 관념이 전혀 흔들리지 않는다. 변화를 싫어한다. 오히려 변화 자체를 두려워한다. 겁 많은 보수라고 나할까. 게으르며 타성에 찌들어 살아가는 수동적인 사람들이다. 점과 미신을 선호하는 샤마니즘을 추구한다.

　"기회는 사인하고 싶지 않았을 때, 하나님의 익명이다" 라고 가우티어Gautier는 주장한다. 변화Change를 주면, 기회Chance가 온다는 것을 전혀 모른다. "g"가 "c"로 글자 한자 바꾸는 것을 싫어한다. 대표적인 인물들이 바리새인Pharisee, 사두개인Sadducee, 서기관, 제사장들이었다. 이들은 아직도 지구가 태양 주위를 돌고 있다는 것을 인정하지 않는다. 아직도 지구가 허공에 매달려 있다는 욥의 우주론을 인정하려 하지 않는다.(욥26:7) 결국 종족의 우상은 전통고수 내지는 집착의 우상이다.

　둘째, 동굴의 우상이다. 시공간의 제약 속에서 오는 오류의 특수한 경우이다. 마치 정신의 감옥이 육체이듯이 생각한다. 육체의 감옥에 갇혀 있는 정신은 그 육체를 벗어날 수 없다. 이것은 주관성의 오류를 지칭한다. 머리 위에 떠있는 해가 황혼에 지는 해 보다 더 멀리 보이는 것과 같은 착각 속에 살아가는 것이다. 나르시스트처럼,

"자기만의 방"에 갇혀서 자기만의 세계가 자신을 우상으로 만든다.

셋째, 시장의 우상이다. 말의 혼돈이다. 정확성이 없다. 분명하지 않다. 애매모호함이다. 언어 때문에 속는다. 공공연하게 물건의 정찰제에 속듯이, 표현하는 단어와 말에 속는다. 말을 하는데서 오는 오류들이다. 한 단어에는 많은 의미가 내포되어 있다. 하나의 단어가 다양한 맥락에서 다양하게 표현된다. 언어의 중의성이 오류를 발생시킨다. 소통의 결함을 가져온다.

넷째, 극장의 우상이다. 유명한 철학적 명제의 특권에서 오는 것이다. "나는 생각한다. 그러므로 나는 존재 한다"라는 데카르트Decartes의 명제가 450년 동안 사유와 존재의 세계를 지배해 왔다. 이러한 지배 이데올로기가 사람의 판단을 흐리게 하며 편파적인 곳으로 기울게 만든다. 라깡Lacan은 이러한 극장의 우상을 타파한다. 즉, "나는 생각하지 않는 곳에서 존재하고 존재하지 않는 곳에서 생각한다." 사유와 존재의 이분법을 해체시키는 제3의 길을 제시한다.

내가 나를 우상으로 섬기는 오류를 범하지 말라. 나의 우상은 나의 생각이요, 교만이다. 인간의 프라이드는 하나님의 적이다. 스스로 높이지 마라. 꺼덕대지 마라. 잘난

체 하는 것은 교만의 우상이다. 자신이 받은 엄청난 영적 계시와 달란트를 영적 교만으로 변질시킬 때, 그는 이미 우상으로 둔갑해 버린 것이다.

"새벽에 사라지는 이슬"이 되지 말라.

20

소생의 이슬 Dew of Replenishment

내가 그들의 반역하는 병을 고쳐주고 기꺼이 그들을 사랑하겠다. 그들에게 품었던 나의 분노가 이제는 다 풀렸다. 내가 이스라엘 위에 이슬처럼 내릴 것이니 이스라엘이 백합꽃처럼 피고 레바논의 백향목처럼 뿌리를 내릴 것이다. 그 나무에서 가지들이 새로이 뻗어나며 올리브 나무처럼 아름다워지고 레바논의 백향목처럼 향기롭게 될 것이다. 그들이 다시 내 그늘 밑에 살면서 농사를 지어서 곡식을 거둘 것이다. 포도나무처럼 꽃이 피고 레바논의 포도주처럼 유명해질 것이다. (호14:4-8)

소생의 이슬은 한 폭의 아름다운 풍경화와 같다. 한 폭의 그림은 일천만 마디 말보다 가치가 있다. 이슬방울은 분노의 포도알을 녹인다. 소생의 이슬이 백합화처럼 아름답게 피어난다. 백향목처럼 향기를 날리며 풀잎에서 반짝인다. 농사를 지어 곡식을 거두며 포도나무처럼 꽃이 피며 포도주의 맛을 느끼게 한다.

"주 너의 하나님께 돌아오라. 죄에 걸려 넘어졌지만, 말씀을 받들고 주께 돌아오라"고 호세아는 외친다. 회개하는 영혼 위에 여호와의 이슬이 내린다. 하나님이 원하시는 이슬은 회개의 이슬이다. 회개의 이슬은 위대하다. 생명이 있다. 희망이 있다. 회개의 이슬은 바로 치유이며 사랑이 도래하는 순간이다. 회개의 이슬이 맺는 결실은 소생이다. 다시 일어서는 것이다. 하박국Habakkuk 선지자의 좌절과 절망-무화과나무, 포도나무, 올리브 나무, 과수원, 외양간의 실패-을 소생의 기쁨으로 반전시켜 주신다.(합3:17-19)

회개란 무엇인가? 회개는 "메타노이아"metanoia이다. 회개는 체념이다. 회개는 포기이다. 회개는 좌절이다. 회개는 절망이다. 회개는 뒤틀림이다. 회개는 슬픔이다. 회개는 고갈이다. 회개는 갈등이다. 회개는 눈물이다. 회개는 비명이다. 회개는 땀이다. 회개는 전율이다. 회개는 공포다. 회개는 빙하이다. 회개는 고독하다. 회개는 고통이다. 회개는 수술이다. 회개는 좁은 길이다. 회개는 실패의 고백이다. 회개는 자존심의 패배이다.

"지금은 오히려 기뻐한다. 그것은 여러분이 슬픔을 당했기 때문이 아니라 슬픔을 당함으로써 회개를 하게 되었기 때문이다. 여러분이 하나님의 뜻에 맞게 슬퍼했으니 결국 여러분은 우리 때문에 손해 본 것이 없다. 하나님의 뜻에 맞는 슬픔은 회개하여 구원에 이르게 하므로 후회할 것이 없다. 그러나 세상의 슬픔은 죽음을 가져온다." (고후7:9-10)

그러나 회개는 좋은 것이다. 회개는 좋은 시간이다. 회개는 패러다임의 전환이다. 회개는 도전이다. 회개는 용기이다. 회개는 변형이다. 회개는 변화이다. 회개는 전진이다. 회개는 상승이다. 회개는 자아 초월이다. 회개는 영혼 소생이다. 회개는 즐거움이다. 회개는 유희이다. 회개는 환희이다. 회개는 거룩하다. 회개는 신뢰이다. 회개는 희망이다. 회개는 감사이다. 회개는 위로의 복음이다. 회개는 영적 통찰이다. 회개는 내적 혁명이다. 회개는 구원의 씨앗이다. 회개는 "카이로스"*kairos*의 출생이다. 회개는 "크로노스"*chronos*의 해체이다. 회개는 영적 카타르시스이다. 회개는 땅의 기쁨이다. 회개는 하늘의 축제이다.

회개하지 않는 자를 용서하는 것은 물위에 그림을 그리는 것과 같다. "하늘에서는 회개할 필요가 없는 의인 아흔 아홉보다 회개하는 죄인 한 사람을 두고 기뻐할 것이다."(눅15;7)

"죄인들이여 손을 깨끗이 하라. 두 마음을 품은 사람들이여, 마음을 순결하게 하라. 여러분은 괴로워하라. 슬퍼하라. 울어라. 여러분의 웃음을 슬픔으로 바꾸고 기쁨을 근심으로 바꾸라. 주님 앞에서 스스로 낮추라. 그러면 주께서 여러분을 높이실 것이다."(야4:8-10)

야고보의 고백처럼, 회개는 낮음이 아니라 높음이다. 회개는 고갈이 아니라 소생이다. 여호와는 스스로 이슬과 같다고 선언하신다. 여호와의 이슬이 함께하는 장막과 일터 위에는 "밤마다 눈물로 침상을 띄우는"(시6:6) 일이 없을 것이다.

21

남은 자의 이슬 Dew of Remnant

> 많은 민족들 사이에서 살아남은 야곱 백성은 주께서 내려 주시
> 는 아침 이슬과 같이 될 것이며 무성귀 위에 내리는 비와도 같게
> 되어서 사람을 의지하거나 인생을 기다리지 않을 것이다. 살아남은
> 야곱 백성은 여러 민족과 백성 사이에 흩어져 살 것이며 숲 속 짐
> 승들 가운데 서 있는 사자처럼, 양떼 한가운데 서있는 사자처럼, 걸
> 을 때마다 먹이에게 달려들어 밟고 찢을 것이니 그에게서는 아무도
> 그 짐승을 건져낼 수 없을 것이다. 네가 네 대적 위에 손을 들고 네
> 원수를 모두 파멸시키기를 바란다. (미5:7-9)

사람을 기다지마라. 인생을 기다리지 마라. 오직 여호
와의 능력과 그 위엄을 의지하라. 평강의 왕이신 하나님
을 의지하라. 하나님을 의지하며 따르는 자들은 마치 하
나님께서 보내신 이슬과 같다. 풀 위에 내리는 단비 같다.
생존의 법칙 중의 하나는 이슬을 맞는 것이다. 비를 맞

는 것이다. 인간이, 푸성귀가 이슬을 맞지 않으면 살아남을 수 없다. 인생이 인생을 맞으면, 살수 없다. 인생이 인생을 의지하는 것은 허무하다. 인생의 본분은 하나님을 믿고 의지하는 것이다. 정글의 법칙에서 살아남은 사자처럼, 숲속의 제왕이 되는 길은 하나님을 경외하는 것이다.

이슬은 이스라엘 백성들이 절대적으로 신뢰하고 있는 버팀목이다. 사라지는 것 같으나 다시 태어난다. 연약한 것 같으나 강하다. 물렁한 것 같으나 단단하다. 셀 수 있는 것 같으나 셀 수 없다. "인간은 자기 자신의 명분 속에서 사자가 된다."는 스코틀란드 속담이 있다. 신앙의 명분을 가진 하나님의 사람들은 동물들의 군주, 사자처럼, 생존을 위한 먹이를 포효할 것이다.

인간은 불평의 동물이다. 인간은 불만의 동물이다. 그러나 바닷가의 모래알처럼, 밤하늘의 은하수처럼, 캄캄한 새벽하늘의 축제를 벌이는 이슬처럼, 하나님은 순종하며 믿고 따르는 자기 자녀들에게 하늘의 복을 허락하신다.

원수들에게 짓밟혀 이러지도 저러지도 못하는 한 많은 실존적 상황 속에서도 하나님을 원망치 아니하고 살아남은 자들은 마치 이슬과 같다고 미가 글쓴이는 노래한다.

비록 나무에서 새순이 나오지 않는다할지라도, 무화과처럼 꽃이 피지 않는다 할지라도, 비록 벌레가 먹어 열매가 맺지 않는다 할지라도, 비록 문풍지 사이로 북풍 찬설이 새들어올지라도, 생존의 이슬이여! 결코 포기하지 마라.

아무런 힘이 없다고 낙심하지마라. 볼품없는 미미한 존재라고 실망하지마라. "커피 한 스푼으로 인생을 측정 한다"고 T. S. 엘리엇T. S. Eliot은 고백한다. 작은 것이 아름답다. 미니멀리즘은 위대하다. 작은 것이 많은 것이다. 작은 것이 힘이 있다. 작은 것이 크도다. 공룡은 사라졌으나 토끼는 살아있다. 뿌리 깊은 거목은 폭풍우에 넘어진다. 낙뢰에 맞아 쓰러진다. 그러나 얄팍한 땅 속에 뿌리박힌 잔디는 끄떡도 하지 않는다. 이슬은 작은 자들의 위로이다. 이슬은 연약한 풀잎의 희망이다. 이슬은 마음이 가난한 이들의 미래 영광이다. "마음은 절반의 예언자이다."라는 유태인 속담이 있다. 하늘의 이슬은 미래의 온전한 메신저이다.

그대는 주인공이다. 그대는 주연이다. 그대는 주인이다. 그대는 이슬이다. 그러므로 그대는 하늘의 보화이다.

"베들레헴 에브라다야! 너는 유다 족속 중에 작을 지라도 이스라엘을 다스릴 자가 네게서 내게로 나올 것이라. 그의 근본은 머나먼 상고의 태초에 있었느니라." 하나님께서 함께하시는 이슬은 한 나라의 왕이 된다. 작은 고을에서 이스라엘을 다스리시는 왕이 태어났다. 나사렛 동네에서 우주를 통치하시는 임금이 태어나셨다.

"참 인생이란 작은 변화가 발생할 때, 살아가는 것이다"라고 톨스토이Leo Tolstoy는 말한다. 작은 이슬 한 방울이 거대한 우주의 바다를 다스린다.

22

생산의 이슬 Dew of Production

나 만군의 주가 말한다. 뿌린 씨는 잘 자라며 포도나무는 열매를 맺고 땅은 곡식을 내고 하늘은 이슬을 내릴 것이다. 살아남은 백성에게 내가 이 모든 것을 주어서 누리게 하겠다. 유다의 집과 이스라엘 집은 들어라. 이전에는 너희가 모든 민족에게서 저주받는 사람의 표본이었다. 그러나 이제 내가 너희를 구원할 것이니 너희는 복 받는 사람의 표본이 될 것이다. 두려워하지 말아라! 힘을 내어라! (슥 8:12-13)

하나님은 시온을 열렬히 사랑하신다. 그래서 예루살렘 Jerusalem에서 장막을 치시겠다는 것이다. 예루살렘은 "성실한 도성"이며 만군의 주의 산은 "거룩한 산"이라고 부른다. 거리에는 남녀 노인들이 한가로이 앉아서 쉴 것이며 사람마다 오래 오래 살아서 지팡이를 짚고 다닐 것이다. 어울려서 뛰노는 소년 소녀들이 도성의 광장에 차고 넘칠 것이다.

하나님은 자기의 백성을 동쪽 땅과 서쪽 땅에서 구원하여 내겠다고 약속하신다. 자기 백성을 데리고 와서 예루살렘에서 함께 사시겠다는 것이다. 하나님은 성실과 공의로 통치하겠다고 선언하신다.

과거에는 노동자가 일을 해도 품삯을 받지 못했다. 짐승조차도 제 몫을 얻어먹을 수 없었다. 생명을 해치는 사람들이 많았기 때문에 감히 문밖출입이 자유롭지 못했다. 이웃끼리 서로 갈등을 일으키며 대적하였기 때문이다. 그러나 이제 살아남은 이 백성에게 하나님은 과거처럼 대하지 않는다. 하늘의 이슬로 축복해 주겠다고 언약하신다.

언제부터인가 그들은 저주의 표상이었다. 저주의 화신이었다. 저주의 상징이었다. 저주의 이정표가 되었다. 나라를 잃고 뿔뿔이 흩어져 나그네의 신세를 면치 못했다. 그런 세월에 무슨 하늘의 이슬이 내렸겠는가! 그들이 먹고 마신 이슬은 나오미Naomi의 이름처럼, 마라Marah의 "쓴물"처럼 저주가 되었다.

만만치 않은 세상을 "지금 여기까지" 잘도 견디어 왔다. 가진 것이라곤 몸 동아리 하나뿐, 그래서 몸으로 때워왔거늘 ..... "에벤에셀"Ebenezer의 "돕는 돌"로서 하나님은 그들을 외면치 않으셨다. 하나님은 그들의 발걸음과 함께하셨다.

이제는 희망이다. 생존경쟁에서 살아남은 자는 주께서 내려주시는 아침이슬과 같이 될 것이다. 이슬이 내릴 때, 이슬을 마셔라. 저주의 이슬이 소득과 생산의 달디 단 이슬로 바뀌어져 간다. 멈추어 섰던 방앗간의 도르래가 벨트를 등에 업고 신나게 달리기 시작한다. 알곡이 곡물창고에 차곡차곡 쌓여져간다. 소비가 즐겁다. 소비가 행복하다. 먹고 마시고 쓰는 재미를 느끼게 해준다.

생산의 요인은 하늘의 이슬이다. 이슬 에너지가 땅심을 북돋는다. 지력의 원기를 높여준다. 돌처럼 굳어있던 땅들이 밀가루처럼 부서진다. 생산을 기다리는 씨앗들이 환호성을 지른다. 옥토에 떨어진 씨앗들은 하늘의 이슬로 촉촉이 적시어 준다. 풍년의 풍악소리가 들려온다. 가뭄과 기갈의 흔적을 찾아볼 수 없다. 말라비틀어진 포도나무 밭에서 들려오는 하박국Habakkuk의 넋두리(!)가 더이상 들리지 않는다.

무엇을 위한 투쟁이었나? 고난과 시련의 역사 앞에서 살아남은 자의 발걸음이 이제는 무겁지 않다. 하늘은 "고갈의 이슬"을 원치 않는다. 하늘은 "소생의 이슬"을 내려주실 것이다. 과거에는 이방가운데 저주가 되었지만, 이제는 하나님의 복이 되게 해 주시겠다고 약속하신다. 두려워 말라. 너희의 손을 견고케 해 주겠노라. 절망적이며 처절한 역사 앞에 하나님께서 주시는 '아침 이슬의 잔'으로 축배나 들지 않겠는가!

23

저주의 이슬 Dew of Curse

성전이 이렇게 무너져 있는데 지금 너희만 잘 꾸민 집에서 살고 있을 때란 말이냐? 나 만군의 주가 말한다. 너희는 살아온 지난날을 곰곰이 돌이켜 보아라. 너희는 씨앗을 많이 뿌려도 얼마 거두지 못했으며 먹어도 배부르지 못하며 마셔도 만족하지 못하며 입어도 따뜻하지 못하며 품꾼이 품삯을 받아도 구멍 난 주머니에 돈을 넣는 것과 같이 되었다. ...... 나의 집은 이렇게 무너져 있는데 너희는 저마다 제집 일에만 바쁘기 때문이다. 그러므로 너희 때문에 하늘은 이슬이 그치고 땅은 소출을 그쳤다. 내가 땅 위에 가뭄이 들게 하였다. (학1:4-10)

하늘의 이슬을 받는 것과 주님의 은총을 입는다는 것이 왜 그렇게 중요한가? "인간은 깨진 상태에서 태어나 수선하며 살아간다. 하나님의 은총은 바로 그 접착제이다"라고 오닐Eugene O'Neill의 희곡, *위대한 신 브라운*

*The Great God Brown*에서 말한다. 하나님의 은총은 갈라진 틈을 메꾸어 주는 새벽이슬이다.

은총의 반대말은 책망이요, 견책이다. 하늘의 이슬을 받지 못하면 심각한 사태가 발생한다. 주님의 이슬을 받지 못하면, 그의 인생은 비극으로 끝이 난다. 마치 형장의 이슬처럼 사라지기 때문이다. 이슬의 슬픔은 그것이 순간성이요, 찰나성이요, 증발성이요, 비영원성이라는 것이다. 하늘의 이슬을 마시라고 하면서 이제 와서 이슬처럼 사라지는 허무함을 말하는 것은 아이러니가 아닌가! 캄캄한 밤무대를 배경으로 살아온 이슬이 "하루살이"의 생태학처럼 그렇게 살아간다면, 그 인생의 미래는 무엇이 되겠는가?

그래도 이슬은 다양한 옷을 입고서 또 다시 내려온다. 만약 우리가 언제나 이슬과 함께 있다면, 우리는 그 이슬에 질려버릴 것이다. 만약 우리가 언제나 흐르는 강물의 자유를 경험한다면, 우리는 그 강물에 싫증이 날 것이다. 만약 우리가 언제나 비전의 특혜를 누리며 산다면, 우리는 그 비전의 늪에 빠지게 될 것이다. 그리고 하나님은 다른 어떤 방법으로 우리에게 말씀해 주지 않을 것이다. 하나님은 한가지의 반찬과 양식만으로 우리가 질리는 것을 원치 않으신다. 성경 66권은 66가지의 반찬과 양식으로 우리의 영적 양식을 제공해 주고 있는 하나님의 메뉴판이다. 그 메뉴판의 양식과 음식들은 씹어서 소화를 시키는 사람들마다 그 맛과 영양가가 다르며 소화 작용도 차이가 있다.

자연적이며 물리적인 이슬도 소중하다. 거미줄에 매달린 이슬방울은 거미의 식수원이다. 어느 누가 거미에게 물을 공급해 주겠는가! 토란잎에 모여진 이슬은 곤충들의 세숫물이며 그들의 목욕물이다.

하나님의 이슬을 영적인 진리의 말씀으로 받아들이지 아니할 때, 사건이 발생한다. 그 사건이 신앙적 사건으로 승화될 수 있다면 얼마나 좋을까! 참으로 아름답고 멋진 한 편의 드라마가 연출될 것이다. 만약 세속적인 사건으로 흘러간다면, 우리의 몸과 영혼은 지쳐 쓰러질 것이다.

하나님에게는 하나님의 텐트가 그렇게도 중요하단 말인가? 성전이 이렇게 무너져 있는데 지금 너희만 잘 꾸민 집에서 번드르하게 살고 있단 말이냐?

너희는 산에 올라가서 나무를 베어다가 성전을 지어라. 그러면 내가 그 성전을 소중히 여기고 거기에서 내 영광을 드러내겠다. 너희가 많이 거두기를 바랐으나 얼마거두지 못했고 너희가 집으로 거두어 들였으나 내가 그것을 흩어버렸다.

그 까닭이 무엇인가? 나의 집은 이렇게 무너져 있는데 너희는 저마다 제 집 일에만 바쁘기 때문이다. 성전을 지을 수 있다면 아름답게 지어라. 가꿀 수 있다면, 몸짱, 얼짱을 만들어 보아라. 하나님의 성전은 하드웨어와 소프트웨어의 조화라고 할 수 있다.

위로부터 내리는 이슬이 없다면, 이 땅의 아름다운 호화 주택이나 별장은 마치 속살이 없는 박제와 같다. 이슬이 머무는 영적 지붕이 없다면, 오래가지 못할 것이다. 비록 초가삼간이나 장막, 텐트라 할지라도 그 곳에 영적 이슬이 맺히는 곳이라면, 행복할 것이다. 주님의 이슬이 머물지 않는 교회는 박제된 하나님을 섬기고 있는 것과 같다. 박제된 영혼 위에 하나님의 이슬은 내리지 않기 때문이다.

만군의 주의 집을 건축하는 자여! 우리의 몸이 하나님의 성전이다. 가시적인 몸이 하드웨어라고 한다면, 비가시적인 영혼은 소프트웨어다. 이 둘 사이에 마음의 성전이 존재한다. 그대의 몸을 하늘의 이슬로 채우라.

구약의 이슬은 어쩌면 가뭄에 찌든 대지를 촉촉이 적셔주는 "단비"와 같다. 움 돋는 새싹에 하늘의 복을 덧입혀 주신다. "빈들에 메마른 풀 같이 시들은 영혼" 위에, 좌절과 실망, 슬픔과 눈물, 고통과 실패 위에, 하늘의 이슬은 단비처럼 소리 없이 내린다.

단비와 토양은 이질감을 증폭시키지 않는다. 동질성을 회복시킨다. 꺼져 가는 심지위에 다시금 소생의 불을 지핀다. 상한 갈대 위에 치유의 붕대를 감아준다. 하늘의 이슬은 씨앗이 뿌리가 내리도록 밭고랑에 물을 대주고, 소마Soma, 흙덩이가 된 몸을 부드럽게 주무른다. 이슬방울이 모여 단비가 되게 하고 손수 파 놓은 이슬의 샘물에서 생수가 넘치게 한다. 그대의 성전, 몸이라는 토양위에 풍년을 기약해 주신다.

그대는 하늘의 이슬이 멈추는 지붕 아래에 아직도, 여전히, 그렇게 살고 있는가? 그대의 땅은 풍성한 소출을 내고 있는가?

제3장

신약의 이슬

인생은
오직 하루 뿐,
나무 꼭대기에서 위험한 길 위에 떨어지는
연약한 이슬방울이다.
　　　　　　　　　 - 존 키츠John Keats, "수면과 시" Sleep and Poetry

1

소마는 이슬이다.
Soma is a dew.

신약의 사람들은 왜 마음의 여유가 없는 것일까? 신약에서 "이슬"이라는 표현은 눈을 씻고 찾아보아도 찾을 수 없다. 그 이유는 무엇일까? 고난의 세월이었기에 마음에 여유가 없는 것일까? 그래도 그렇지 한글자도 보이지 않는 것은 무슨 의미가 있는 것은 아닐까?

신약의 모든 이슬이 블랙홀처럼, 한 곳으로 몰려들었다. 이슬의 집중현상은 하나의 기적이었다. 눈으로 볼 수 없었던 불가능한 이슬이 가능한 이슬이 되어 맺혀졌기 때문이다. 골고다 언덕에서 보혈의 이슬이 되어 골짜기마다 흘러내렸다. 하늘의 보화인 이슬이 땅의 이슬이 되어 흙속으로 스며들었다. 예수 그리스도Jesus Christ가 바로 그 "소마 이슬"이다.

예수 그리스도는 몸 이슬이다. 육적이슬이다. 그의 바디는 특별한 몸이기 때문이다. 보통 인간들이 가질 수 없는 매우 가벼운 이슬이다. 중력의 법칙도 피해가는 몸 이슬이다. 오트베르그John Ortberg가 말하는 물위를 사뿐이 걸어가는 "더블유형 인간"Water-Walking Person이다. 하늘의 이슬이 내리면, 바다가 땅의 이슬을 섬긴다.

신약에는 다양한 이슬들이 등장한다. 찢겨지고 뒤틀려 있고 왜곡된 이슬들이다. 심령이 가난한 이슬, 애통하는 이슬, 온유한 이슬, 의에 주리고 목마른 이슬, 긍휼히 여기는 이슬, 마음이 정결한 이슬, 화평케하는 이슬, 의를 위하여 핍박을 받는 이슬, 그리고 암과 같은 질병으로 신음하는 이슬들, 이들은 모두 뜨거운 햇살에 약한 이슬들이다.

고통의 자유를 누리며 신음하는 이슬들을 위하여 그리스도는 빛과 소금이 되었다. 그 이슬은 길이요, 진리요, 생명이셨다. 새로운 창조를 위하여, 그 소마이슬은 후퇴와 하강의 진흙으로 사라진다.

"영혼은 몸을 사랑 한다"고 에크하르트Eckhart는 말한다. 몸속은 어둡고 캄캄하다. 그 암실 속에서 영혼이 호흡한다. 영혼은 투명하지 못한 진흙 속에서 살면서 진흙을 옥토로 정화시키며 아우른다. 몸은 영혼의 텐트이며 장막이다. 영혼이 몸 안에 있을 때, 가장 안전하다. 영혼의 거처는 진흙이다.

땅은 인간의 소유물이 아니다. 인간은 땅의 소유물이다. 땅은 창조주에게 보배와 같다. 땅을 해치는 것은 창조주를 경멸하는 것이다. 그러므로 스스로 목숨을 버리는 일은 하나님 앞에서 죄와 악이 일이다. 자살은 결코 꿈꾸지 마라. 상상할 수없는 일이다. 앞서 간 신앙의 선배들은 남아있는 땅들을 결코 잊지 못할 것이다.

나는 이슬이다. 당신은 이슬이다. 우리는 이슬이다. 그대는 이슬이다. 그녀는 이슬이다. 그대들은 이슬이다. 인간은 모두 "하나님의 형상"을 닮아가는 땅 이슬이다. 소마이슬의 가장 중요한 기능은 우주적이며 감성적인 영성을 일깨워주는 것이다. 그리고 지속적으로 "하나님의 형상"을 지탱해 가도록 도와주는 것이다.

아브라함Abraham의 하나님, 이삭Isaac의 하나님, 야곱Jacob의 하나님은 땅을 공격한다. 소마인 흙을 공격한다. 소마인 몸을 공격한다. 그들은 흙의 영성이 필요했기 때문이다. 믿음의 조상들은 소마의 고통을 누리면서 살아왔다.

곰팡이도 스트레스를 받는다. 대부분의 자연에 필요한 빛이 곰팡이에게 스트레스의 주요한 원인이 된다. 새벽

동녘에서 떠오르는 태양도 곰팡이에겐 친구가 될 수 없다. 이슬형인간은 곰팡이를 사랑한다. 자연과 인간에게 유익한 푸른곰팡이가 되라. 적절한 햇살을 공급해주라.

"지렁이도 밟으면 꿈틀 거린다"라는 속담이 있다. 기본적으로 지렁이의 땅을 사랑하라는 의미이다. 그의 흙을 짓밟지 말라는 뜻이다. 지렁이가 그대를 무는 수가 있다. 지렁이에게도 송곳니가 있다. 독사나 전갈만이 독을 품고 무는 것이 아니다. 사면초과에 놓인 사람들을 괴롭히지 마라. 현실의 벼랑 끝에 놓인 사람들을 밀어내지마라. 이슬형인간은 지렁이를 사랑한다.

아프간 사람들 사이에 "한 방울의 이슬이 개미에게는 홍수가 된다"라는 속담이 있다. 작은 불행의 씨앗이 어려움에 처한 사람들에게는 엄청난 재앙이 될 수 있다. 이슬형인간은 개미의 연약함을 사랑한다. 만약 이슬의 홍수가 밀려온다면, 토란잎으로 댐을 만들어 줄 것이다. 소자에게도 냉수 한 컵을 대접해보라. 선행의 댐으로 하늘의 상급이 클 것이다.

하루살이의 실존을 우습게 보지마라. 적어도 24시간을 살아간다. 그러나 인간은 순간을 살아간다. 천년이 하루와 같다. 하나님의 시간, "카이로스"는 영원하다. 인간의 시간, "크로노스"는 순간에 불과하다. 하루살이가 마시는 이슬을 먼저 대접하라. 내일을 믿지 마라. 내일은 없다. "영원한 현재"가 있을 뿐이다. 순간에 충실하라. 찰나에 헌신하라. '영원한 순간'만이 하루살이의 이슬이다.

2

예수는 영적이슬이다.
Jesus is spiritual dew.

예수 그리스도는 영적이슬이다. "고통의 자유"를 맘껏 누리며 사는 이슬이다. 인간의 고난에 함께 울어주고 웃어주는 동고동락의 이슬이다. 하늘의 영과 소통하며 하늘의 진리가 무엇인지 알게 해주는 이슬이다. "진리가 너희를 자유케 하리라"는 그리스도의 말씀은 하나님의 뜻을 대변해 준다. 진정한 자유를 누리지 못하며 살아가는 이슬들은 아직도 하나님과 소통에 문제가 있다.

영적 이슬의 생명력은 "전진"과 "상승"으로 하늘을 지향해간다. 영원한 하늘나라를 사모한다. 햇살에 몸을 실고 날아간다. 구름을 타고 여행을 한다. 바람과 더불어 비행한다.

영적 이슬은 언제나 3가지 방향으로 움직인다. 첫째, 믿음에서 믿음으로. 둘째, 소망에서 소망으로. 셋째, 사랑에서 사랑으로 흐른다. 믿음의 이슬은 불신 중에 피어난 소망의 새싹이다. 소망의 이슬은 절망 중에 피어난 사랑의 꽃이다. 사랑의 이슬은 증오와 미움 중에 피어난 열매이다. 그리스도는 영적이슬이다. 하늘이슬의 총화이다. 그러므로 우리 한번 실컷 이슬을 마셔보자! 이슬로 허기진 육신의 배와 영적인 배를 채우면 어떠하리!

신약시대를 살아갔던 인물들은 자연과의 교감을 누릴 만한 영적 여유를 가지지 못했다. 신약의 글쓴이들은 낭만적인 인물들이 아니었다. 어쩌면 그들은 마음의 여유가 없었는지 모른다. 로마의 지배를 받았던 피지배민족의 압박과 억압 속에서 육신적이며 물리적인 자유만을 꿈꾸며 살았을 지도 모른다. 아니면, "내가 세상에 화평을 주러 온 줄로 생각하지 말라. 화평이 아니요 검을 주러 왔노라"(마10:34)고 말씀하신 주님의 말씀에 영향을 받았는지도 모른다.

고난 중에서도 마음의 느긋한 여유를 느낄 수 있을까? 우리 주님은 "감상적 미학"의 소유자이셨다. "공중의 새를 보라. 들의 백합화를 보라"고 하신다. 바쁘신 중에도 쉼의 미학이나 하나님과의 영적 미학으로 자기 자신을

"푸쉬"(Push) 하신 것이다. "푸쉬"란 절박한 상황에서 발생하는 것은 결코 아니다. 영적인 쉼과 세속으로부터 잠시 벗어나기 위하여 푸쉬가 필요하다. "하나님 나라"의 선포에 바쁘셨던 주님은 자연과의 교감을 누리실 시간적 여유가 없으셨을 것이다. 다른 한편으로는 주님의 자연에 대한 메시지가 누락이 되었다거나 다 기록할 수 없어서 의도적으로 삭제했을 수도 있을 것이다. 어쨌든 당시의 종교적, 정치적, 사회적 문제들이 그들의 마음을 온통 흔들어 놓았을 것이다. "하늘 이슬"을 맛보며 살아갈 상황은 아니었던 것 같다. 설령 이슬에 대한 상상력을 갖고 있었다할지라도 그것은 기대할 수 없었다. 율법의 이슬이 복음의 이슬을, 예루살렘의 이슬이 나사렛의 이슬을, 이성의 이슬이 영성의 이슬을 지배하고 있었기 때문에 이슬의 자유를 누릴 수 없었다.

바리새인과 사두개인들을 포함한 당시 종교지도자들의 이슬은 형식과 틀에 얽매인 전통적인 이슬이었다. 그들은 "아침형 인간"들은 될지 몰라도 "이슬형 인간"들은 아니었다. 그들의 이슬 속에는 명예와 권력이 반사된다. 또한 전통과 권위가 번뜩인다. 오직 교리와 장정만이 이슬방울에 영글어 있다. 도그마가 그들 스스로를 구속한다. 그들의 종교성과 영성은 닫힌 무덤과 같다. 그들의 이슬은 다름 아닌 독사의 식수원이다. 그들이 마시는 이슬은 아이의 우유가 될 수 없었다. 그들의 이슬은 폐수가 되었다. 고요히 흐르는 잔잔한 시냇물을 오염시킨다. 생명의 강을 죽음의 강으로 만들었다.

그러나 예수 그리스도는 "새벽이슬"이다. 우주가 고요할 때, 주님은 말씀하신다. 그저 듣기만 하여라. 그대가 고요할 때, 주님은 움직이신다. 성령의 이슬이 그대의 이슬과 만나게 될 때, 변화가 일어날 것이다. 우주가 흔들릴 것이다. 가던 길이 멈추게 될 것이다. 새로운 이슬로 그대의 영혼의 틈새를 메꾸어 줄 것이다. 영혼이 잘 될 것이다. 범사가 순탄할 것이다. 건강이 좋아질 것이다.

신약에서, 자연적인 "이슬"이 등장하지 않는 이유는 그만큼 하나님의 이슬을 잊고 있었던 것이다. 메마른 토양 위에 하나님은 영적인 자극으로 인간들을 푸쉬하고 있었다. 하늘의 이슬은 지금 이 순간에도 소리 없이 변치 아니하고 끊임없이 내리고 있다. 그럼에도 불구하고 인간들은 하늘에서 내려온 영적이슬을 마시지 못한다.

예수 그리스도는 바로 자연적 이슬이요, "영적 이슬"이다. 육신의 이슬은 33년이라는 짧은 생애를 마치셨지만 그 분의 영적 이슬은 영원하다. 영적이슬의 생명력은 고요와 감춤 속에서 "전진"과 "상승"을 지향해 간다. 그러

나 세속을 지향하는 자연적 이슬은 환호성과 시끌벅적한
드러냄 속에서 "후퇴"와 "하강"의 길을 걸어간다.

주님은 전형적인 "이슬형 인간"이다. 이 땅위의 모든
사람들이 "이슬형 인간"이 될 때, 실낙원은 복낙원으로
다시금 회복될 것이다.

3

이슬에도 냄새가 있다.
Dew has a scent.

힘들고 어려웠던 그 광야의 시절, 하늘의 양식인 "만나"manna라 할지라도, 하루가 지나면, 벌레가 생기고 부패한 썩은 냄새가 풍긴다.(출16:20) 하루치의 식량으로 족하다. 욕심이 과하면, 냄새가 난다. 욕심이 잉태하면, 죄가 싹튼다.

모압Moab은 일찍부터 평화와 안전을 누리며 태평스럽게 살았다. 강대국의 포로가 되어 본적도 없었다. 이 그릇 저 그릇에 옮겨 담지 않아서 찌끼가 곱게 가라앉은 맑은 포도주 같았다. 맛이 그대로 남아있고 그 향기가 변하지 않는 포도주와 같았다.(렘48:11)

향기와 그 냄새가 변하지 않는 인생은 행복하다. 향기

가 변하지 않는 포도주의 냄새를 맡으며 산다는 것은 하늘의 축복이다. 향기가 변하고 싶어서 변하는 포도주는 없을 것이다. 그러나 포도주가 오래가지 못한다. 그 이유는 여호와 하나님께서 포도주를 거르는 사자들을 보내서 그릇들을 비우고 병들을 깨트려 포도주를 땅에 쏟았기 때문이다. 모압의 향기롭고 맛좋은 포도주가 그모스 Kemosh 신 때문에 냄새가 난다. 하나님은 질투하시며 "우상의 길에서 벗어나라"고 경고하신다.

생기가 사라진 나사로의 몸에서 냄새가 난다.(요11:39) 이것은 피할 수 없다. 사망에 이르는 죽음의 냄새다. 그러나 그리스도를 아는 냄새는 영원하다. 생명에 이르는 향기이다. 그리스도를 알리는 지식의 향기를 풍기게 하시는 하나님께 감사해 본적이 있는가? 이슬형 인간은 하나님 앞에서 세상을 향한 "그리스도의 향기"이다.(고후 2:14-15)

일용할 양식으로 주시는 하나님의 이슬식량에는 냄새도 나지 않고 벌레도 생기지 않는다. 하늘의 보화는 하늘의 창고에 쌓는다. 영원하다. 땅의 보화는 땅의 창고에 쌓는다. 일시적이다. 하루로 만족한 이슬의 생태학 때문에 이슬방울에는 결코 썩은 냄새를 풍기지 않는다.

이슬에도 냄새가 있다. "목적은 냄새와 같은 것이다"라고 프란시스코 알베로니Alberoni, Francesco는 고백한다. 많은 냄새 중에서 이슬냄새를 맡아보라. 풋풋한 풀 내음으로 새벽이슬은 깨어난다. 이슬 맞은 밭 냄새로 아침이슬은 시작된다. 이슬형인간은 이슬냄새를 풍긴다. 그 냄새는 자신의 냄새를 드러내지 않는다. 단지, 햇살이 다가오면 소리 없이 사라진다. 이슬형 인간은 이슬냄새를 누구보다도 더 잘 훔치는 인간이다. 그래서 그는 누구보다도 부지런하다. 일거리가 많건 적건 부지런하다. 일거리가 고되건 쉽건 부지런하다. 눈을 뜨자마자 이슬향기와 접한다.

이슬냄새는 새벽 5시부터 7시까지 가장 잘 풍긴다. 이슬의 향기는 세상의 그 어떠한 향수보다 진하다. 이슬은 아침 침대에서 일어나 인간에게 묻는다. "오늘 나는 무슨 선한 일을 할 것인가?" 잠자리에 들기 전, 이슬은 속삭인다. "오늘 나는 무슨 선한 일을 했었던가?"

4

이슬에도 색깔이 있다.
Dew has a color.

색깔은 정직하다. 색은 변하지 않는다. 색은 서로 공존하기를 원한다. 색이 혼합되면, 투명하지 못하다. 색은 색으로 존재해야 그 진실을 알 수 있다.

이슬에도 색깔이 있다. "목적은 색과 같은 것이다." 세상에 넘치는 색중에서 이슬의 색깔을 분간하라. 이슬형인간은 이슬색상을 분간하는 인간이다. 이슬의 색상이 무엇인가? 좌로나 우로나 치우치지 않는다. 착한 사람이나 나쁜 사람이나 대궐이나 초가집 지붕 위를 가리지 않고 공평하게 검정색과 흰색을 아우르는 밝은 회색이다. 이슬은 편견과 선입견을 지양하는 컬러이다. 이슬은 차별을 원치 않는다. 이슬은 차이를 인정해 주는 색상이다. 이슬은 성급한 판단과 비판을 억제하는 중용의 색상이다.

"달을 향해 쏴라. 설령 빗나간다 할지라도 수많은 별 중에서 하나는 맞힐 것이다"라고 브라운Les Brown은 말한다. 안다고 하는 것은 의미를 파악하는 것이라기보다는 목적을 아는 것이다. 목적의 탐구는 인간의 가장 기본적인 성질이다.

키에르케고르Soren Aabye Kierkegaard는 "진리는 주체성이다"라고 고백한다. 진리는 지극히 개인적이라는 의미이다. 타자가 언급하는 내용을 잠자코 수용할 수 없는 이유가 여기에 있다. 진리에 도달하기 위해서는 끊임없는 저항이 필요하다. 주체성은 언제나 거부의 대상이다. 생의 부침도 이와 마찬가지이리라. 이슬도 어쩌면 아침 햇살을 거부할지 모른다. 날 선 검과 같은 햇살이 이슬의 심장을 관통하여 진주와 같은 자신의 정체성을 쪼개거나 해체시켜 이 세상에 노출시키기 때문이다. 이 과정에서, 그 햇살을 거부하는 이슬방울들의 몸부림으로 풀잎들은 원치 않게 몸부림친다.

"들의 백합화가 어떻게 자라는가를 보라"(마6:28)고 주님은 말씀하신다. 그대의 시력과 시각은 어떠한가? 백합화에 내려앉은 이슬을 보라. 그 꽃잎에 맺혀있는 이슬방울을 보라. 얼마나 아름다운가! 하나님의 이슬은 보이지 않는 가느다란 실뿌리에서 가지 끝 정상까지 아래에서 위로 흐른다. 동시에 위에서 아래로 내리 흐른다. 그래서 꽃이 피며 열매를 맺는 것이다.

"하나님은 위대한 지하수다"라고 에크하르트는 Eckhart 말한다. 목적을 향해가는 그대의 지친 발걸음이 수맥을 타고 오르는 하늘의 이슬로 그대의 꽃잎에 생기를 부여한다. 아름다운 백합의 꽃잎 위에서 유희하는 이슬영성을 느끼게 될 것이다.

"공중의 나는 새를 보라"(마6:26)고 주님은 말씀하신다. 새벽이슬에 젖은 그의 깃털을 보라. 반짝반짝 윤이 나지 않는가! 이슬을 먹은 뿌리에 생기가 돈다. 만나와 메추라기를 찾아 날개를 펄럭이지 않는가! 상처 입은 날개라 할지라도 그대의 깃털에 이슬이 맺혀있다. 하나님의 이슬로 꺾인 날개를 치유하러 가지 않겠는가?

뽕나무 위에 상처 입은 이슬이 맺혀있다. 아주 작은 이슬방울이다. 그는 하늘의 이슬을 보고 싶어 한다. 소문을 듣고 있다. 뽕나무 위로 굴러간다. 숨을 죽이며 뽕나무 위에 매달려 있다. 삭개오Zacchaeus 이슬이 바로 그대와 나의 이슬색깔이다.

5

이슬에도 무게가 있다.
Dew has a weight.

이슬에도 무게가 있다. 특히 가을 이슬에는 더욱 무게
가 실린다. 가을 추수철의 이슬은 가볍지 않다.(사18:4)
봄과 여름에 내리는 이슬과 같지 않다. 봄과 여름의 이슬
은 가볍다. 쉽게 마른다. 쉽게 사라진다. 그러나 가을 이
슬은 묵직하다. 영글을 대로 영글어 단맛이 난다. 가을
이슬은 겨울 이슬을 돕는 "보다 나은 반쪽"이다. 혹독한
겨울을 위한 비축 에너지를 공급해준다. 겨울 가뭄을 해
결해 준다. 겨울 나그네의 발길을 부드럽게 해준다. 그대
의 혀끝에 가을 이슬을 적셔보라.

이슬방울도 크기가 저마다 다르다. 덩달아 무게도 달라
진다. 체중은 이슬의 뼈와 근육에 힘을 실어준다. 봄 이

슬은 여름 이슬보다 가볍다. 아직 태어 난지 얼마 되지 않은 어린 아이 이슬이다. 여름 이슬은 가을 이슬보다 가볍다.

"메네 메네 데겔 우바르신"*mene mene tekel u-pharsin* (단5:25-28)은 하나님의 '메데우신학'이다. "메네"는 몇 개인지 몇 년인지 그 수명을 세어본다. "데겔"은 저울에 무게를 달아본다. "우바르신"은 둘로 나누겠다는 의미이다. 한마디로 믿음에 대한 평가이다. 신앙에 대한 저울질이다.

야웨께서 바벨론Babylon의 벨사살Belshazzar 왕에게 손가락을 보내서서 벽에 글을 쓰도록 하신 것은 경고의 메세지다. 인간의 호흡과 생명을 주장하시고 그 모든 가는 길을 아시는 하나님께 경배하지 아니하고 우상을 숭배했기 때문이다.

야웨는 "데겔"의 하나님이시다. 하나님을 예배하는 발걸음은 무거워야 한다. 성령과 진리로, 몸과 마음과 뜻과 정성을 다하여 삶과 생명의 예배를 드려야 한다. "두려움과 떨림"fear and trembling으로 자기의 구원을 이루어야 한다. 하나님께서는 우리 안에 활동하시며 하나님의 뜻과 행위에 맞도록 힘을 주시며 실천하게 하시는 분이시다. (빌2:12) 결코 발품이 가벼워서는 안 된다. 하나님을 코메

디언이 아니시다.

"신분이 낮은 사람도 입김에 지나지 아니하고 신분이 높은 사람도 속임수에 지나지 아니하니 그들을 모두 다 저울에 올려놓아도 입김보다 가벼울 것이다. 억압하는 힘을 의지하지 말고 빼앗아서 무엇을 얻으려는 헛된 희망을 믿지 말며 재물이 늘어나더라도 거기에 마음을 두지 말아라.(시62:9-10)

시편의 글쓴이는 한 걸음 더 나아간다. 세상의 모든 이슬은 입에서 나오는 입김보다 가볍다는 진단을 내린다. 몸무게가 줄어드는 것은 건강의 적신호다. 신앙의 무게가, 영혼의 무게가 가벼워지면, 하나님의 '메데우' 대상이 된다. 그 이슬은 마치 형장의 이슬처럼 사라질 것이다.

그대여! 영혼의 무게가 얼마인가? 숨을 거두기 전 체중과 숨을 거둔 주검의 무게를 달아보라. 그러면, 그대 영혼의 무게를 알 수 있다. 영혼의 무게를 늘려야 한다. 우주의 모든 이슬, 그대의 숨소리와 눈동자, 그 가는 모든 길과 시선들을 마치 꽃들이 길가에서 그대의 발걸음을 지켜 보고 있는 것처럼, 하나님은 주시하고 있다.

6

이슬은 성령의 요람이다.
Dew is the cradle of Holy Sprit.

에이티켄John Aitken은 자신의 "이슬론"에서 다섯 가지 이슬의 열매가 맺히는 가장 이상적인 조건을 제시한다.

첫째, 빛으로 윤이 나는 좋은 표면이다.

둘째, 고요하고 조용한 분위기이다.

셋째, 맑고 청명한 하늘이다.

넷째, 표면에 절연체가 있어야 한다.

다섯째, 대기층의 수분의 공급을 위하여 온화한 수분 지역이어야 한다.

그는 수분의 공급을 고려할 때, 공기와 마찬가지로 지면도 그리고 이 둘의 온도를 고려해야하며 처음 네 가지도 필수적이지만 다섯 번째가 충분한 양을 확보하는데 매우 중요하다는 것이다.

*뉴잉글리쉬사전New English Dictionary*에 의하면, 이슬은 대기 중의 수증기의 응고로 인하여 어떤 시원한 표면 위에 미세한 물방울로 형성되는 엉긴 물방울로 정의한다. 무더운 날이 지난 후 밤 동안에 혹은 밤이 진행되는 동안에 특히 새벽에 많이 형성된다.

"새벽"의 동의어는 "동틀녘," "여명", "박명"으로 표현된다. 그 의미는 "단서," "처음," "시작," 그리고 "몽롱한 상태"를 뜻한다. 영어로 표현하면, "돈-"dawn이다. 일찍 일어나는 새가 이슬을 굴리면서 "돈"money을 번다. 건강을 번다. 시간을 번다. 장수를 번다. 생명을 번다. 그리고 영성을 번다.

( )이 샌다. 밝아진다. 시작이다. 나타난다. 점점 분명해진다. 떠오른다. 괄호는 여러분들의 아직 아닌 영성의 몫이다. 아직 맺지 않은 이슬이 영글어 가기를 기대한다.

"검증받지 못한 인생은 살 가치가 없다"고 소크라테스Socrates는 말한다. 이슬의 가치가 무엇인지 검증을 받아야 한다. 모든 사람들은 이슬과 같다. 이슬처럼 영롱하고 아름답다. 깨끗하고 청순하다. 세상의 모든 이들은 하늘나라의 이슬이다.

첫째, 이슬은 알파와 오메가의 가치를 소중히 여긴다. 하늘에서 내려왔다. 하늘이 근원이다. 하늘이 본향이다. 이슬은 하늘로 돌아간다. 이슬의 사이클은 시작과 끝이 분명하다. 이슬은 과정의 결과이다. 결코 결과의 과정이 아니다. 정의를 허리에 동여매고 성실로 몸의 띠를 삼는다.(사11:5)

둘째, 이슬은 옥토의 가치를 지향한다. 이슬의 목적은 메마른 땅을 비옥하게 만든다. 척박한 사막을 옥토로 개간한다. 이슬이 닿은 영혼의 밭은 샘이 솟는다. 이슬샘이다.

셋째, 이슬은 줌의 가치를 원칙으로 삼는다. 이슬은 셀 수 없다. 우주의 별처럼, 수의 복이 문지방을 넘쳐흐른다. 산과 바다, 들과 계곡, 사막과 동토, 차별 없이 거저 준다. 대궐의 기와지붕 위에도, 초가 지붕위에도 "후히 되어 누르고 넘치도록 하여 가슴에 안겨" 줄 정도로 푸짐하다.

넷째, 균형과 조화의 가치를 존중한다. 이슬은 공평하다. 편견이 없다. 피스메이커다. 온 땅에 골고루 뿌려준다.

다섯째, 이슬은 성령의 요람이다. "빛나는 새벽 별"을 마중한다. 그를 바라보며 기지개를 편다. 비가 오나 눈이 오나 변함없이 신실하다. 변덕을 부리지 않는다. "생명의 면류관"이 상급으로 주어진다. "태양이신 여호와 하나님"(시84:11)을 제일 먼저 맞이한다.

은혜의 햇살과 이슬이 마주칠 때, 성령의 꽃이 피어난다. 성령의 열매가 탐스럽게 열린다. 이슬은 야웨 하나님의 은혜와 영예를 원하기 때문이다. 흠 없이 순전하게 사는 사람들에게 하나님은 좋은 것으로 채워주신다. 성령의 요람 속에서 오염된 이슬이 맑고 깨끗하게 정화된다. 구원의 복음이 "성령의 성전"(고전6:19)인 이슬의 몸통에서 전율하며 진동한다.

7

이슬은 영혼의 정원이다.
Dew is the Garden of Spirit.

열의 파장 때문에 식물과 나무 잎의 색깔들이 갈색으로 변해간다. 가장 중요한 요인은 열파에 대항하는 수분이 없거나 모자라기 때문이다. 오랜 가뭄은 모든 풀들을 갈색으로 물들인다. 변하고 싶어서 변하는 것이 아니다.

정신정원, 멘탈 가든에 물을 뿌려 주지 않는다면, 영적인 나무들과 꽃들은 시들어 죽게 될 운명에 처하게 된다. 이사야의 충고대로, "그대는 물댄 동산과 같다."(사58:11) 그대의 영혼에 심어 놓은 나무들을 돌보지 않으면, 시들어 죽게 될 것이다. 성령의 이슬에 주목하라. 이슬이 내리는 시공간을 주목하라. 그리고 깨어 있으라!

영혼에 물을 주어라. 마음의 밭을 비옥한 토양으로 만

들어라. 그리스도인들을 푸르고 아름답게 자라게 하는 것은 무엇인가? 영적 이슬이다. 성령의 비와 이슬은 무엇인가? 우리위에 끊임없이 내려앉는 주님의 은총과 은혜의 선물이다.

신명기 글쓴이를 보라. 모세를 보라. 이슬처럼, 자신의 입술을 말을 연설을 담론을 이야기를 걸러내고 걸러낸다.(신32:2) 비는 교리의 상징이요, 이슬은 로고스의 상징이다. 이슬은 야웨의 이름을 선포한다. 소리 없이 고함을 지른다. 전 우주를 감싸 안는다. 하나님에 대한 진리들을 영롱한 가슴에 품어 안는다. 그리고 보여준다. 투명하다. 숨길 것이 없어라.

이슬은 진리이다. 영적인 진리이다. 육적인 진리이다. 의의 나무에 속한 모든 가지와 새싹들, 꽃과 열매들에게 힘을 준다. 아름다움을 부여한다. 거룩한 말씀의 가르침으로 영혼의 이슬에 생기가 솟게 하라.

이슬방울은 매너가 짱이다. 영국신사로는 비교도 안 된다. 젠틀하다. 남들이 모르게 발뒤꿈치를 들고 소리 없이 등장한다. 마치 오른손이 하는 일을 왼 손이 모르게 행동한다. 나뭇잎에 부드럽게 솜털처럼 내려앉는다. 밤늦도록 작업을 하느라 늦잠을 자고 있던 잔디의 솜털조차 감지하지 못할 정도로 이슬은 사려가 깊다. 이슬은 배려의 화신이다. 바늘 끝처럼 예리한 솔 잎 끝을 내려 않을 때, 더 곤한 기지개를 키며 단잠을 자게 한다. 풍만한 꽃 가슴을 노크하지만, 상처를 주지 않는다. 꽃들의 휴식을 훔쳐보지도 방해하지도 않는다.

이슬은 우리가 느낄 수 없을 정도로 우리의 마음을 두드리며 부드럽게 다가오는 진리의 상징이다. 이슬은 야웨의 달콤하고 상큼한 자비와 은총이다. 그러나 빗방울은 좀 다르다. 성격도 있고 상처도 주고 풀잎에 구멍도 내며 원치 않게 우리들의 옷을 젖게 만든다.

여성 없는 남성 없고 남성 없는 여성 없다.(고전11:11) 인간 없는 하나님 없고 하나님 없는 인간 없다. 이슬 없는 자연 없고 자연 없는 이슬 없다. 하늘 없는 이슬 없고 이슬 없는 하늘 없다.

하늘의 보화, 이슬이 없다면, 인간은 존재할 수 없다. 인간은 이슬동산이요, 이슬 정원이다. 인간이 모인 곳에는 이슬 꽃이 피어난다. 이슬열매가 맺는다. 성령의 아름다운 열매들은 바로 이슬의 총화이다. 이슬정원의 주인은 바로 그대 자신이다. 그대가 바로 이슬 가드너, 영의 정원사이다.

8

이슬은 생명의 근원이다.
Dew is the Root of Life.

여름에 내리는 소나기는 식물을 괴롭힌다. 그러나 이슬은 진주처럼, 사막의 "만나"처럼, 응집된 채 나타난다. 이슬의 움직임은 매우 온유하며 겸손하여 눈으로 볼 수 없다. 모든 대지 위에 살포시 내려앉는다. 이슬이 내리는 소리를 들어보라. 신비한 모습으로 꽃들의 가슴을 파고든다. 결코 마음의 상처를 주지 않는다. 곤한 잠을 일부러 깨우지 않는다.

이슬은 몸과 마음과 영혼 속에 소리 없이 파고드는 진리의 상징이다. 하나님의 말씀은 거룩한 진리이다. 이 거룩한 진리는 야웨의 초대하지 않은 사랑과 돌봄으로 우리들의 때 묻은 영혼을 걸러낸다.

이슬의 매우 신비롭고 아름답다. 야웨는 예언자 호세아 Hosea를 통하여 말씀해주신다. "나는 이스라엘에게 이슬과 같이 될 것이다. 그는 백합처럼 자라게 될 것이다. 그리고 레바논처럼 그 뿌리가 길어질 것이다.(호14:5) 야웨는 이슬이다. 이슬처럼, 애정과 이해와 포용과 사랑으로 꽃이 피도록, 뿌리가 자라도록 촉촉한 은혜를 그들에게 덧입혀 줄 것이다.

말씀의 씨앗이 내안에 파종된다. 파종된 씨앗이 소리 없이 밤낮으로 자란다. 바울은 심고 아볼로는 물을 주었지만, 자라게 하시는 분은 오직 하나님이시다.(고전3:6) 하나님은 무엇으로 자라게 하시는 것일까? 바로 이슬이다. 이슬은 땅과 씨앗에 "물댄 동산처럼" 촉촉한 생수를 공급해준다. 겨자씨를 거목으로, 돌 감람나무를 참 감람나무로(롬11:17), 가시나무를 백향목으로 자라게 하신다.

내 안에 있는 모든 것, 내가 시작한 모든 것, 내가 버티고 보존하고 유지하고 있는 모든 것, 내가 먹고 마시는 생수의 근원은 하나님이 주시는 영적 이슬이다.

거미줄 속에도 거울이 있다. 거미줄에서 반사된 눈부신 햇살이 눈 속으로 파고든다. 반사되는 거미줄 속에서 "의로운 태양"(말4:2)이 떠오른다. 거미집의 거미줄은 모두 거울들이다.

라깡Jacques Lacan의 "거울의 단계"는 인생의 거울단계를 묘사해준다. 믿음은 희망에 대한 실제이며 우리가 볼 수 없는 것들을 확실하게 보여주는 실제들이다.(히 11:1)

상상계는 꿈과 환상, 우림이나 예언으로 상상을 한다. "상상력은 지식보다도 더 중요하다"고 아인슈타인Albert Einstein은 주장한다.

상징계는 상상의 모습을 구체적으로 그려보는 청사진이다. 자와 콤파스, 각도기를 가지고 잰다. 의미와 뜻을 부여한다. 십자가에 의미와 상징을 부여해보라. 인간은 상징을 먹고 살아가는 동물이다. 자신의 심벌이 없는 인간은 정체성이 없는 것이다.

현실계는 그 상징을 체득할 수 있으며 가시적으로 볼 수 있고 만질 수 있다. 바로 리얼리티의 실제요, 현실이다. "현실의 세계는 한계가 있다. 그러나 상상의 세계는 무한하다"고 루소Jean-Jacques Rousseau는 말한다.

믿음에도 과정이 있다. *히브리서Hebrews* 글쓴이의 영성은 믿음의 과정을 중시한다. 눈에 보이지 않는 소프트웨어 속에는 항상 눈에 보이는 하드웨어가 들어있다. 믿음의 눈으로 현실을 직시하라.

거미줄에 매달린 이슬 속에는 거울이 있다. 이슬방울에

반사된 햇살이 귀뚜라미 눈 속으로 파고든다. 아침의 동창을 알려주는 전령사이다. 아예 아침 햇살을 머금은 태양이 이슬방울을 노크한다. 이슬방울의 동창이 열린다. 햇살이 소리 없이 이슬 속으로 함몰될 때, 이슬방울은 투명해진다. 숨길만한 곳이란 찾아볼 수 없다. 숨길만한 것도, 숨을 만한 것도 없으며 지구 반대편에 있는 잎의 줄기까지 선명하게 보인다.

"인간사의 모든 일은 가느다란 실에 매달려 있다"고 오비드Ovid는 말한다. 하늘의 이슬방울이 매달려 있는 실은 영원토록 끊어지지 않을 것이다.

9

이슬은 *케노시스*다.
Dew is *Kenosis*.

여름날 아침 온도는 화씨 75도가 될 것이다. 상대습도는 90%, 매우 끈적끈적한 날씨이다. 만약 대기 중의 수증기의 양에 변화가 없으며, 온도가 오후에 92도를 기록한다면, 상대습도는 52%가 된다. 상대습도는 에너지의 양에 상대적이다. 왜냐하면, 에너지의 양은 햇살이 대기를 뜨겁게 할 때, 증가하기 때문에 사용된 에너지의 퍼센트, 즉 상대습도는 감소한다. 다시 말하면, 대기 중의 수증기의 양은 변화가 없다.

52% 상대습도보다 더 나쁘게 느껴진다고 할 때, 상대습도의 개념을 이해하지 못한다. 92도와 52%는 매우 짜증나는 오후가 된다. 개념상 혼돈을 일으키기 때문에 많

은 기상학자들은 "이슬점" 온도를 체크하려고 노력한다. 어떻게 이슬점을 느낄 수 있을까? 전형적인 여름날, 다음과 같이 적용해보라:

이슬점	인식
75+	극단적인 불편함
75-74	매우 습하고 아주 불편함
65-69	대부분 사람들에게 약간 불편함
60-64	대부분 정상 그러나 모든 사람들이 습도를 느끼기 시작
55-59	편안함
50-54	매우 편안함
<=49	"서풍"을 느끼며 매우 기분 좋음. 소수에게는 약간 건조함

대기 중 공기의 포화상태란 온도와 압력의 상태에서 공기 중의 수증기의 양이 가능한 최대가 되는 상태를 말한다. 응축 혹은 승화가 만약 온도가 하강한다거나 수증기가 대기 중에 덧붙여진다면 시작될 것이다.

습도는 복잡한 개념이다. 습도는 대기 중에 증발된 물의 양, 즉 수증기를 말한다. 수년 동안 상대 습도는 TV

시청자들에게 정보를 전달하기 위하여 사용했던 것이다. 그러나 거기에는 함정이 있다. 사실 기상학자들까지도 그 함정을 이해하고 있지 못하다.

신앙은 복잡하다. 간단하지 않다. 단순하지 않다. 믿기만 해서 되는 것은 아니다. 믿는 도끼에 발등 찍힌다. 믿으면 믿을수록 사탄이 더 달려들기 때문이다. 그래서 쉽지 않다. 영발이 세면 셀수록 사탄발이 더 세게 다가온다.

신앙의 수증기를 생각하라. 신앙호흡 위한 영적 수증기이다. 내가 품어내는 영적 수증기가 대기 중에 오염이 된다면, 그것은 사탄의 기쁨이요, 축복이 될 것이다. 목사를 비롯한 모든 사역자들도 영적 수증기의 함정이나 늪에 빠지기 쉽다.

신앙의 에너지를 생각하라. 습도를 생각할 때, 그대는 항상 에너지의 관점에서 생각해야만 한다. 물론 이것은 온도로써 표현된다. 주변에는 어떤 열에너지들은 증발작용을 위하여 움직인다. 나머지 에너지들은 대기 중에 다른 분자들에게로 접근한다. 50%의 상대습도는 절반의 에너지가 땅과 시냇물과 호수 등지로부터 수분을 증발시키기 위하여 사용되며 나머지 50%는 보다 많은 증발을 위한 대기상태에 놓여있다. 신앙의 에너지는 증발과 대기의 에너지이다.

"케노시스"*kenosis*는 예수 그리스도의 증발이다. 있어야 할 자리를 비워둘 정도로 자신을 비워 타자에게로 향한다. 스스로 낮아지며 사라지는 고통을 고통이 되도록 부추긴다. 하나님의 우편이슬이 좌편이슬이 되어 차가운 새벽 공기를 타고 내려온다.

팍스Matthew Fox는 "고통으로 고통이 되게 하는 것," "무nothing속으로 침몰하여, 무가 무되게 하는 것"이 자기를 비우는 것이라고 주장한다. 그리스도의 이슬은 마땅히 있어야할 그 자리, 무덤 속에서도 증발된다. 무덤은 이슬이 머물 곳이 아니다. 이슬의 거처는 하늘이지 무덤이 아니다. 그리고 안과 밖을 아우르는 거룩한 연합을 위하여 예수의 이슬은 언제나 대기상태에 있다.

이슬은 상호성이 핵심이다. 상호성을 위한 대기 에너지는 줄리안Julian의 표현을 빌리면, 영광스런 연합을 위한 "뜨개질"knitting로 표현한다. 실과 바늘은 이슬이 사용하는 영적도구로써 하나님과 인간, 인간과 인간, 인간과 자연, 자연과 자연의 영적 네트워크를 형성한다.

영적에너지를 생각하라. 그대의 영적에너지를 주안에서 문안인사로 표현하라. "거룩한 입맞춤"은 주님의 사랑이다. 사랑은 모든 것을 정복한다. 그의 빈도수에 따라서 영적 에너지는 생기와 활력을 발휘할 것이다.

그대의 영적에너지를 어디에 투자할 것인가? 사랑으로 하늘나라를 미리 맛보는데 투자하지 않겠는가! 이슬의 힘은 사랑이다. 이슬의 유연성은 강철도 녹인다. 이슬의 창조성은 극단적인 불편함을 "서풍"으로 소멸시킨다. 이슬은 "동풍"을 막아주는 방화벽fire wall이다.

제4장

이슬형 인간이란?

인간의 유형에는 알파형Alpha Type, 베타형Beta Type, 오메가형Omega Type, 듀형Dew Type의 4가지가 있다.

알파형은 가부장적인 권위주의의 표상이다. 베타형은 권위주의에 복종적이며 순종적인 순응주의의 표상이다. 오메가 형은 권위주의적 가치와 순응주의적 가치의 통합적 표상이다. 듀형은 타자를 위한 봉사와 희생의 가치를 추구하는 이타주의의 표상이다. 자신의 등장과 동시에 빛과 함께 사라지는 사랑과 섬김의 상징이다.

인간은 기하학적 유형으로 표현된다.

나는 정사각형이다.

나는 직사각형이다.

나는 정삼각형이다.

나는 마름모이다.

나는 ……

정사각형, 직사각형, 정삼각형, 마름모는 원형의 패러디
이다. 인간인 "나", 자아도 원형 패러디의 퍼즐이며 조각
이요, 부품이다. 결론은 이 모든 다양한 인간유형의 모델,
그 최후의 롤 모델은 원형이 되어야 한다. 왜냐하면, 인
간의 두 다리와 컴파스의 두 다리를 가지고 원을 그릴 수
없기 때문이다.

이슬은 원형이다. 원형의 이미지는 둥글다. 모가나 있
지 않다. 심리적으로, 바람 빠진, 굴러 갈 수 없는 펑크
난 타이어의 프랫캐릭터Flat Character가 아닌 라운드 캐
릭터Round Character이다. 하늘의 모든 이슬, 가랑비, 진
눈깨비, 소나기, 안개와 눈보라를 가슴으로 품어 안아주
는 대지의 모성애처럼, 자비롭고 원만한 인간형이다.

이슬형 인간은 원형circle이다. 원의 표상은 사랑이다.
사랑의 상징은 원이다. 이슬형 인간인 오메가 CEO는 언
제나 약자의 편에 서서 원을 완성시킨다. "나는 그대와
함께 원의 한 조각이다"라고 고백한다. 겸손하다. 레이디
앤 젠틀맨이다.

햇살이 바퀴에 깔려도 죽지 않는 것처럼, 이슬방울은
햇살에 자신의 자리를 양보할 정도로 너그럽다. 그래서

이슬방울은 둥글둥글하다. 인간 본질의 경영 테이블은 원탁이어야 한다. 다른 유형들은 인간의 본질적인 뮈토스 mythos, 감정적인 파토스pathos, 윤리적인 에토스ethos, 이성적인 로고스logos와 그 자유를 해치기 쉽다.

이슬형 인간은 원형이 되어야 한다.

첫째, 이슬형 인간은 "하늘의 보물인 이슬"이 내리는 소리를 듣는 인간형이다. 들리는 소리보다도 들리지 않는 소리가 더 달콤하다.

주님의 이슬은 창조의 이슬이다. 창조의 과정에서 발생하는 하나님의 세미한 음성을 들을 줄 아는 인간형이다. 그는 우주의 체계가 잡힐 때 들려오는 혼돈의 소리를 듣는다. 휘몰아치는 혼돈 속에서 질서를 새겨 넣을 줄 아는 인간이다. 특히 인간의 자유의지에서 내 뿜는 숨소리까지 들을 줄 아는 인간형이다. 잠결에 이슬이 내리는 소리를 듣게 되면, 일어날 수밖에 없다는 이론을 새록새록 지피는 인간이다.

이른 아침 시장에서 사온 무를 도마 위에 올려놓고 썰때, "톡톡톡톡" 들려오는 소리처럼 그의 목소리는 언제 들어도 상쾌하다. 질리지 않는다. 그 속엔 언제나 하나님을 아는 지성과 영성이 내포되어있다. 그래서 더 정겹다. 그의 발걸음은 언제나 가볍다. 그는 평안 중에 안락을 누리기보다는 고난 중에 지혜를 얻는다. 그는 자족할 줄 아는 사람이다. 결코 불평하지 않는다. 불평을 잘라내고 덜어내는 소리를 행복의 출발점이라고 생각한다. 새벽에 소리 없이 내리는 눈에 잘 보이지 않는 만나와 메추라기가 하늘에서 비행하는 소리를 감지할 수 있는 복 있는 인간이다.

들리는 소리보다 들리지 않는 소리가 더 아름답다. 이슬형 인간은 작고 미세한 소리를 천둥처럼 들을 줄 안다. 침묵의 소리를 하나님의 음성으로 되새김질 한다.

둘째, 이슬형 인간은 "하늘의 보물인 이슬"이 내리는 것을 볼 줄 아는 인간형이다. 어두우면 어두울수록 그 이슬은 더욱 빛이 난다. 달과 별 빛에 비친 이슬은 보석과 같다. 다이아몬드보다도 아름답다. 그는 칠흙같이 캄캄한 암흑 속에서도, 밤하늘의 새벽별처럼 빛나는 주님의 이슬을 본다. 눈 겁이 낀 눈으로는 볼 수 없다. 맑고 깨끗한 영혼의 눈으로 볼 수 있다.

보아도 좋은 것만 바라본다. 사시 눈으로 보지 않는다. 있는 그대로를 보아준다. 군더더기가 없다. 비판적 시각이라 하더라도 생산적이며 여유 있는 시각이다. 코너로 내몰지 않는다. 비록 추하고 사나운 모습도 그의 눈에는 아름답다. 그와 함께 있는 지루하고 권태로운 시간은 웬지 편안하다. 나사하나 빠져 있는 그로테스크한 어설픈 공간을 든든한 것으로 채워주고 인정해준다. 추를 미로 볼 줄 아는 아름다운 사람이다. 추는 진리요, 진리는 추로 보며 해석한다. No의 역기능을 순기능으로, Yes의 순기능을 역기능으로 해석할 줄 아는 통찰력을 가졌다.

이슬은 모닝 스타, 새벽 별처럼, 아름답게 빛이 난다. 새벽 별빛과 함께 혹한의 겨울철 함박눈처럼, 여름 장마철 소나기처럼, 어둠 속 하늘에서 소리 없이 쏟아져 내리는 이슬방울들을 볼 수 있다면, 그가 바로 이슬형 인간이다.

셋째, 이슬형 인간은 "하늘의 보물인 이슬"을 마시며 맛볼 줄 아는 인간형이다. 선한 것을 마시며 오염되지 않는 이슬을 느끼는 인간이다. 선에 민감하고 악에 무감각하다. 악한 것을 미련 없이 내뱉는 인간이다. 좋은 것을 있는 그대로 음미한다. 공포와 전율을 평온과 안식으로 용해시키는 인물이다. 자연의 언어와 인간성의 기본, 신의 말씀과 지혜를 체득하여 온몸으로 느끼는 영적인 인간이다. 인생의 "쓰리고", 즉 보고Seeing 느끼고Feeling 함께하는Sharing 이슬의 맛에 전문인 CEO이다.

이슬방울의 정체성은 쓴맛과 단맛을 중화시키며 중용을 추구한다. 쓴맛과 단맛의 조화를 소금처럼 물속에서 사라지게 한다. 오감으로 세계를 느끼고 판단해 보지만,

결코 성급하게 판단하지 않는다. 맛에 대한 판단중지, *에포케Epoche*를 실천하는 인간이다. 보고 싶은 것만을 추구하는 확증편향의 맛을 거부하며 피한다. 그래서 그는 피스메이커이다.

넷째, 이슬형 인간은 투명한 인간이다. 거울을 보는 것처럼 선명하다. 속이 들여 다 보인다. 그는 '수박의 논리'보다 '토마토의 논리'를 선호한다. 그래서 그는 "뫼비우스 띠"를 항상 허리춤에 차고 다닌다. 자신의 존재 자체를 유리알처럼 다 드러내 놓는다.

인간에게는 어둠과 비밀이 많다. 이 비밀 속에 언제나 불행이 싹이 튼다. 그 싹은 자신도 모르게 죄의 열매를 맺기에 충분하다. 죄에는 "드러난 죄"Revealed Sin, "숨겨진 죄"Concealed Sin, "용서할 수 없는 죄"Unpardonable Sin가 있다. "드러난 죄"를 가슴에 안고 살아가는 사람은 행복하다. 가슴이 따뜻하다. Heart가 살아있다. "숨겨진 죄"를 가슴에 품고 살아가는 사람은 언제나 불안하다. 결과가 불행하다. Heart가 살아있지만 그의 간이 콩알만 해진다. "용서할 수 없는 죄"는 가슴이 뛰지 않는다. Head가 Heart보다 더 차갑다. 냉혈인간이다. Head가 굳어있다.

그는 겉과 속이 같이 간다. 편을 가르지 않는다. 편견을 싫어한다. 이분법을 좋아하지 않는다. 투명한 변증법을 선호한다. 정의와 공정, 민주주의는 어둠 속에서 죽는다. 그는 투명하기 때문에 언제나 정의의 편에 서 있다. 올곧다. 어둠과 적당히 타협하지 않는다. 어둠을 걸러내는 필터링의 전문 리더이며 CEO이다.

다섯째, 이슬형 인간은 "순간"에 강하다. "찰나"에 정통하다. 그에게 내일이란 사치에 지나지 않는다. 순간이나 찰나가 모여 "오늘"과 "내일"을 형성하는 지혜를 터득한다. 그에게는 짜투리 시간이란 존재하지 않는다. 매 초마다 생의 의미를 추구하며 보람을 느낀다. 그는 "영원한 현재"보다는 '영원한 순간'에 더 큰 의미를 부여한다. 특별히 그는 인간의 시간이며 세속적인 시간인 "크로노스"Cronos보다는 하나님의 시간이며 영적인 시간인 "카이로스"Kairos를 더 존중하며 소중히 여긴다. 그래서 그는 잉여시간이 없다. 언제나 품질 좋은 시간을 스스로 세일하며 살아간다. 비옥한 시간을 창조해 내며 천년을 하루같이, 하루를 천년같이 살아갈 정도로 여유가 있다.

여섯째, 이슬형 인간은 순수한 인간이다. "순수하다"라는 의미는 "맑다, 깨끗하다. 청정하다. 청순하다. 정숙하다. 더렵혀지지 않다. 죄짓지 않다. 섞이지 않다. 순종이다. 순혈이다. 순결하다. 순백하다. 순전하다. 결백하다. 단순하다. 감각에 의하지 않는다. 불협화음이 아니다"라는 뜻을 지닌다. 이 의미의 범주에서 벗어난 인간은 이슬형 인간이라고 볼 수 없다.

자연은 순수하다. 자연은 철iron이 들지 않는다. 철이 들면, 무거워서 추락한다. 자연이 철이 들면 사나워진다. 인간을 흔들어댄다. 인간도 자연이다. 인간이 철season이 들면, 계산적이며 이해 타산적이다. 바보가 아니냐고 반문하지 마라. 인간이 철이 들면 더 추해지는 경향이 있다. 부조리한 꼰대가 되기 쉽다.

그는 착하다. 악의란 찾아보기 힘들다. 선하다. 인간미가 있다. 개인적인 욕망이나 욕심이 없다. 완벽주의를 추구하지 않는다. 일곱 빛깔 무지개처럼 공존의 미학을 안다. 옆 사람의 카테고리를 침범하지 않는다. 자신의 분수를 안다. 순수함이 자신의 매력임을 아는 인물이다. 너그럽다. 이해와 도량의 폭이 넓은 인물이다. 풀잎과 나뭇잎의 스트레스를 아는 인물이다. 꾸밈이 없다. 애정이 있다. 사랑이 있다.

일곱째, 이슬형 인간은 영적 슬픔을 공유한다. 그는 이슬의 아픔과 고뇌와 슬픔을 안다. 세속적인 내재성의 슬픔을 영적인 기쁨으로 보듬어 안아 아우른다. 예수 그리스도의 "산상수훈"Beatitudes에서 영적슬픔의 원리를 제시한다. 그리스도의 가난과 결핍의 완전하며 완벽한 역설적 담론을 생활 속에서 실천하며 영적축복의 원리를 부단히 토로해 낸다.

이슬형 인간은 자신의 고통을 감수하면서 타자의 고통까지도 아우르며 보듬어 안아 준다. 쉬운 일이 아니다. 알고 보면, 이 세상은 다른 사람들의 고난과 고통을 은근히 즐기는 그로테스크한 사람들이 많다. *욥기서Job*에 등장하는 욥의 세 친구들, 엘리바스Eliphaz, 빌닷Bildad, 소발Zophar이 바로 그 대표적인 인물들이다. 그들은 친구의 고난을 위로해 주러 왔지만 육적으로나 영적으로 전혀 도움이 되어 주질 못한다. 그들의 '우정적 충고'friendship advice는 참으로 고약하다. 놀부 심보라고나 할까. 자기들의 합리성과 이성적 판단, 그리고 자신들이 갖고 있는 그 거룩한 목소리와 신학적 이데올로기를 하나의 잣대로 사용한다. 거침없이 생각 없이 고통을 주는 말을 내뱉는다. 마치 상처 입은 나비의 날개 위에 식초를 들어붓는 격이다. 이웃의 고통을 아우르지 못하는 권위주의적 담론들이다. 교훈적이며 지시적이며 "유쾌한 허무주의"cheerful nihilism가 스며있다. 이들의 생각 없는 어리석은 충고에 대하여 하나님은 분노하셨다.(욥42:1-9)

그럼에도 불구하고 슬픔을 위로하기 위한 그들의 발품은 세상의 그 어떤 보화로도 바꿀 수 없다. 그들은 1주일 동안이나 욥과 함께 침묵 속에서 "심리적 산소"를 슬픔을 공유했던 착한 사람들이다.

여덟째, 이슬형 인간은 공정한 인간이다. 시각, 청각, 후각, 미각, 촉각의 시간과 공간을 균형 있게 이상적으로 분배한다. 팔이 안으로 굽는다. 피는 물보다 진하다. 공평한 저울과 추가 필요하다. 편견과 선입견을 갖지 않는다는 것은 매우 어려운 일이다.

PC란 무엇인가? "도의적 공정성"Political Correctness 이다. 정치사회적으로, 도덕 윤리적으로, 우리가 사용하는 언어까지도 공정한가 그러지 아니한가 하는 문제는 매우 중요하다. 세상을 아름답게 살아가는데 매우 중요한 기준이다. 하나님은 "이른 비"와 "늦은 비"를, 태양의 햇살과 밤하늘의 달빛, 별빛들을 선한 사람들과 악한 사람들의 지붕과 일터와 마음의 밭에 공정하게 분배하여 불평이 없게 하신다.

하늘의 이슬은 PC의 상징이다. 만약 하나님의 "도의적 공정성"을 인위적으로 깨트린다면, 그것은 간이 배 밖으로 나온 사람이다. 영적 불균형은 생의 비극을 불러온다. 무엇보다도 신앙공동체 안에서의 공동의 선을 위하여 PC는 민주주의가 걸어가야 할 가장 기본적인 초석이다.

아홉째, 이슬형 인간은 "불가능의 가능성"Impossible

Possibility을 바라보며 느끼며 추진하며 실천하는 사람이다. 그는 인간의 역사 속에서 영적인 이슬을 마시며 "고통의 자유"suffering freedom를 누리며 사는 사람이다. 십자가와 부활을 "고통의 자유"로 해석하는 인간이다. 고통이란 이웃을 향한 의식적이며 의도적인 구속이며 속박이다. 고난 속에 무한한 자유가 있다. 기독교는 역설적인 자유를 추구한다. 자유를 위한 뒤틀림이라면 진정한 평화가 있을 것이다. 누구를 위한 뒤틀림인가?

열 번째, 이슬형 인간은 세계와 자신을 위하여 행복하게 죽지 않는다. 세상을 위하여 사라진다. 세계를 위하여 자원하며 의도적으로 희생한다. 이웃을 위하여 불편하게 산다. 그래도 그는 보람을 느낀다. 그가 걷는 생의 길은 타자를 위하여 자신의 고난과 역경을 통하여 새 생명, 새로운 존재에로의 길을 열어 주는 데 있다. 썩어져 가는 한 알의 밀알형 인간이다. 절망의 순간에서도 생에 대한 환희와 승리, 소생과 부활을 느낀다. 생의 정점에 가해지는 상생의 엑센트를 영적으로 제시해 주는 인간형이다.

인간의 역사란 인정을 받기 위한 투쟁이다. 이슬은 이슬로 평가하며 판단한다. 이슬을 유리구슬이나 쇠구슬로 평가할 수 없다. 이슬이 이슬을 인정해 주지 않을 때, 그는 이슬이기를 포기한 쇳덩이에 불과하다. 이슬형 인간은 이슬처럼 살아간다. 어둠 속에 태어나 햇살 속에 소리 없이 사라지는 신기루와 같다.

열한 번째, 이슬형 인간은 변증법을 사랑한다. 변증법이란 눈에 보이지 않는 적과 대화하는 것이다. 현명한 바보Wise Fool가 되는 것이다. 보이지 않는 소프트웨어를 보이는 하드웨어로 창조하여 언제나 손에 느끼게 하며 잡히게 한다. 변화와 개혁을 추구한다. 매너리즘을 걷어내고 자아가 죽은 그 자리에 새로운 씨앗을 뿌리며 새로운 가지로 접붙인다.

이슬은 결코 자랑하지 않는다. 떠벌리지 않는다. 교만하지 않는다. 자신의 업적과 성취의 기쁨은 하루면 족하다고 생각한다. 이틀, 사흘 나흘, …… 결코 자신의 업적으로 자랑하지 않는다. 왜냐하면, 자신의 변증법은 또 다른 변화와 개혁, 반성과 회개, 성화의 과정을 요구하고 있기 때문이다.

열두 번째, 이슬형 인간은 초월성과 내재성의 조화를 추구하며 실천하는 인간이다. 경천애인의 이슬이다. 그의 옆에 서기만 하면, 끈적끈적한 휴머니즘과 휴머니티 냄새가 풍긴다. 그의 시간은 "듀타임"이다. 그래서 그는 "이슬점"이 무엇인지 잘 아는 인물이다. 그는 "듀폰드"에서 오늘도 헤엄치고 있다. 그는 매 순간순간 잔디 위에 매달린 작고 미세한 이슬방울 속에서 오대양을 그린다.

창조주 하나님의 섭리는 미니멀리즘Minimalism에서 추구한다. 이슬형 인간은 겨자씨mustard에서 우주알cosmic egg을 발견한다. 그는 우주와 세계, 가시적인 것들의 크기와 숫자에 연연하지 않는다. 한 알의 겨자씨에서 100억의 겨자나무를 바라본다.

이 **겨자씨 우주알**은 언제나 새싹과 새순이 터 오른다. 늘 푸르고 신선하다. 활력이 넘치며 생기가 돈다. 태초의 권태와 지루함이 사라지며 생명의 에너지가 솟아오른다.

야웨 하나님은 과연 어떤 유형의 바람직한 인간형을 원하고 있는 것일까? 하나님은 "자신의 형상대로" 인간을 창조하셨다. 그러나 77억으로 추산되는 인간들 중에서 어느 유형이 하나님의 이상형에 조금이라도 다가갈 수 있을까?

이슬형 인간은 '하늘 나그네'이다. 인생과 인간은 나그네의 여정이다. 주어진 시공간에서, 주어진 운명과 숙명의 시간, 4일, 40일, 4년, 40년, 400년, 430년, ... 노예 상태로 살아간다. 그러나 어느 한 곳에 머무르지 아니하고, "젖과 꿀이 흐르는 땅", 가나안 복지, 그 이상향을 초월하여 걸어가는 하늘 나그네이다. 진리가 주는 자유를

최대한 향유하면서 오늘도 발품을 팔아가며 걸어간다. 최
대의 장애물, **홍해Red Sea**를 횡단하면서 이슬만의 자유
와 기쁨의 여정이다.

제5장

나가는 말

이슬의 생태학은 인간의 메타포 중에서 가장 아름다운 실존적 생태학이다. 성경에서 수많은 이슬형 인간들이 등장하지만, 남성으로 억울한 누명을 용서의 미학으로 승화시킨 야곱의 아들, 요셉과 여성으로 의심의 눈초리를 순종의 미학으로 승화시킨 예수의 어머니 마리아라고 할 수 있다.

그러나 성경의 이슬역사를 뒤로 한 채, 인간들의 욕심에서 비롯된 지구 온난화와 대기 오염, 오존층 등의 파괴로 21세기의 하늘은 상상할 수 없을 정도로 오염이 되어간다. 따라서 하늘의 보화인 이슬의 생태학도 질식할 상황에 이르렀다. 지구촌이 온실가스실로 포화상태가 된지 오래 되었다. 인류의 지구촌 보호를 위한 대책을 세우지 않는다면, 2050년에는 심각한 위기가 닥쳐 올 것이다.

이슬방울도 산소호흡기가 필요하며, 마스크와 같은 필

터링 장치가 필요하다. 사막의 개미, 거미, 전갈이나 벌과 나비들이 이슬을 먹고 마실 때, DNA 돌연변이를 일으킨다. 오염된 이슬방울들은 비단 미세한 곤충들만의 문제가 아니라, 인간에게 미치는 영향은 상상을 초래할 것이다. 미니멀리즘의 관점에서 볼 때, 치유할 수 없는 질병으로 지구촌의 몰락을 가져올 것이다. 한 개비 담배에서 품어대는 한 줄기 연기는 대기의 오염은 물론 인류의 생명을 위협하는 가장 기본적인 요인이다.

Covid-19와 같은 비가시적인 바이러스들도 공중을 부유하는 미세 이슬방울들처럼, 그 매개체가 되어 인간의 호흡기를 괴롭히고 있다. 그럼에도 불구하고, 하늘과 땅 사이를 가로막고 있는 오염된 방화벽으로 사이를 뚫고 대지를 적셔주는 이슬의 발품에 인간들은 손품으로 감사를 표해야 할 것이다. 우리 인간들이 이슬에서 배워야 할 교훈이 있다면, 이슬은 바로 생명을 유지케 하는 정화작용의 식수원이라는 사실이다. 하늘의 이슬이 멈추기를 바라지 않는다. 하늘의 이슬이 오염되기를 원치 않는다. 하늘의 이슬이 여호와께서 보내는 보화이며 하늘의 보물이다. 이슬은 우리의 목숨이요, 환경을 위한 치료제이다. 청량제이다 강장제이다. 회복제이다.

이슬은 신앙 공동체인 교회를 위한 회복제이다. 이슬은

영혼의 보약이다. 이슬의 탄생은 영적 생명이다. 우리는 치료제 이슬이 되어야 한다. 그러므로 우리는 이슬이다. 나는 이슬이다.

인간 예수는 골고다에서 형장의 이슬로 사라졌다. 그분의 **붉은 피**가 대지를 적시며 흘러 내렸다. ..... 3일 후, 그 이슬은 부활하여 회색Grey Color 빛으로 변해있었다.

그리스도가 진정한 DD! Dawn Dew, 새벽이슬이었다!

연세대학교 신학대학원(M.Div.)
영문학박사(Ph.D)
대전대학교 영문학과 교수
대전대학교 한방병원 원목(Chaplain)
사이버신학자
사이버은총교회(Cyber Grace Church)목사
사이버신학연구소장

■ 저술과 논문
- 『소생과 고갈의 변증법』(한국학술정보, 2006)
- 『사이버신학과 디지털교회』(한국학술정보, 2008)
- 『하나님의 실수』(에세이퍼블리싱, 2010)
- 『사이버신학과 사이버은총』(한국학술정보, 2011)
- 『은유신학과 디지털-생태신학』(한국학술정보, 2012)
- 『시간의 본질이란 무엇인가』(북랩, 2013)
- 『마음의 지도 L』(번역, 넥서스, 1997)
- 「키에르케고르의 콤플렉스」
- 「죽음의 미학: 죽음은 예술이다」
- 「So It Goes의 미학」
- 「우연적 필연성/필연적 우연성」
- 「고갈과 소생의 변증법」외 20편

Blog: https://blog.naver.com/jdewpoint
E-mail: jdewpoint@naver.com / 1983208@daum.net
C.P: 010-2415-8517

나는 이슬이다

초판인쇄 2021년 11월 30일
초판발행 2021년 11월 30일

지은이 심영보
펴낸이 채종준
펴낸곳 한국학술정보㈜
주소 경기도 파주시 회동길 230(문발동)
전화 031) 908-3181(대표)
팩스 031) 908-3189
홈페이지 http://ebook.kstudy.com
전자우편 출판사업부 publish@kstudy.com
등록 제일산-115호(2000. 6. 19)

ISBN 979-11-6801-189-2 03230